처음부터 배우는 업무 활용법

처음부터 배우는
업무 활용법

이성복 지음

다온길

프롤로그

일이 어려운 게 아니라, 정리가 안 된 거였다

회사에 다니기 시작하면 누구나 비슷한 경험을 한다. 할 일은 늘 쌓여 있고, 회의는 끝났지만 뭘 해야 할지 모르겠고, 자료는 많은데 도무지 쓸 수가 없다. 뭔가 하루 종일 바쁘게 움직였는데도, 정작 남는 건 없고 어딘가 허둥지둥한 기분. '왜 이렇게 일이 복잡하지?' 라고 생각하지만, 사실 복잡한 게 아니라 정리가 안 된 것뿐인 경우가 많다.

예를 들어, 회의 중에 누군가 말했던 중요한 포인트가 머릿속에서 뒤섞이고, 나중에 그걸 메일로 정리하려니 뭐가 핵심이었는지 기억도 안 난다. 팀장은 '회의록 어디 있어?'라고 묻고, 나는 다시 녹음 파일을 들으며 머리를 싸맨다. 문서 폴더도 엉망이다. 지난주 보고서 파일이 어디 있는지 몰라서 새로 만들다가 '이거 전에 했던 거 아니야?'라는 말을 듣고 당황한 적도 있다.

잘하는 사람은 처음부터 완벽해서가 아니다. 메일을 어떻게 쓰고, 회의는 어떻게 정리하며, 업무 자료는 어디에 어떻게 쌓아두는지, 이런 작고 단순한 차이들이 쌓여서 결국 '일머리'가 된다. 그런데 문제는, 그걸 아무도 가르쳐주지 않는다는 데 있다. 학교에서는 배우지 않고, 회사에서는 '알아서 해'라고 한다. 그러니 결국은 엑셀 정리법 하나, 보고서 양식 하나까지 전부 처음부터 혼자 부딪히며 배워야 한다.

이 책은 바로 그 막막함에서 출발한다. 초보자도 알 수 있도록, 당장 써먹을 수 있는 '업무 정리'와 '활용법'을 담았다. 메모 하나, 폴더 하나, 일정표 한 줄에서 일이 달라지는 과정을 따라가다 보면, 어느새 '일이 좀 재밌다'는 말이 나올지도 모른다.

일을 잘한다는 건 정리를 잘한다는 뜻이다.
정리가 되면 속도가 붙고, 속도가 붙으면 자신감이 생긴다.
그리고 그 자신감은 매일의 퇴근 시간을 바꿔준다.

지금부터 하나씩, 아주 차근차근 시작해보자.
이 책을 덮을 때쯤이면, 당신의 하루가 훨씬 가벼워져 있을 것이다.

이성복

차 례

프롤로그 _ 일이 어려운 게 아니라, 정리가 안 된 거였다   4

1장
왜 '업무 활용법'이 필요한가?

01 할 일은 많은데 뭐부터 해야 할지 모르겠다면   11
02 끝이 안 보이는 보고서와 회의의 늪   16
03 일잘러와 일못러는 도대체 뭐가 다를까?   22
04 '정리'만 잘해도 일이 줄어든다   28
05 실무의 80%는 반복 업무다   34

2장
회사에서 겪는 다양한 상황, 어떻게 정리하고 활용할까?

01 이메일 한 통으로 1시간을 날린 사연   41
02 말로 한 약속, 나중에 다르게 기억되는 이유   46
03 상사가 좋아하는 회의 정리 요약은 따로 있다   51
04 '이거 지난주에도 한 건데…' 같은 실수 반복 피하기   56
05 누가 무슨 일을 하고 있는지 모르는 팀의 문제   61
06 협업 툴을 쓰지만 공유가 안 되는 진짜 이유   66
07 자료는 많은데 쓸 수가 없는 보고서의 함정   71
08 할 일을 정리했는데 자꾸 놓치는 이유   76

09 빠뜨린 한 문장이 계약서 전체를 망친 사연   81
10 회의 후 아무도 실행하지 않는 회의록   86
11 자료는 있는데 흐름이 안 보일 때   91
12 자료 공유 후 '파일이 안 열려요'의 반복   96
13 이름 없는 폴더와 중복 파일의 늪   100
14 퇴사자 컴퓨터 정리하다 울컥한 실화   105
15 후임에게 인수인계할 게 하나도 없는 경우   109
16 고객 질문에 매번 똑같은 답을 다시 쓰는 이유   114
17 메신저로 지시받고 말실수한 사연   118
18 일 잘하는 선배는 왜 항상 '정리 중'일까?   121
19 협업이 안 되는 팀엔 '기록'이 없다   125
20 정리 덕분에 3시간을 벌다 - 실무자의 팁   129

3장
정리만 잘해도 일이 줄어든다

01 할 일 리스트는 언제, 어떻게 써야 할까?   135
02 '우선순위'만 알면 일이 단순해진다   140
03 흐름이 보이는 정리법 - 마인드맵과 흐름도   145
04 엑셀·노션·캘린더의 똑똑한 활용법   150
05 하루 5분 '업무 되돌아보기' 습관 만들기   155

4장
기록이 곧 업무력이다

01 일 잘하는 사람은 다르게 기록한다	161
02 회의록, 메모, 요약 정리의 실전 기술	166
03 상사가 좋아하는 보고서의 형식과 구성	172
04 이메일과 메신저, 상황에 맞는 커뮤니케이션	178
05 '나중에 쓸 자료'를 지금부터 준비하는 법	184

5장
협업과 공유의 기술

01 내가 하는 일이 팀 전체에 영향을 줄 때	191
02 공유가 빠른 팀, 일도 빠르다	196
03 협업툴(노션·구글·슬랙 등) 제대로 써보기	201
04 인수인계와 문서화의 중요성	206
05 비대면에서도 일 잘하는 사람의 협업 루틴	211

6장
일머리를 만드는 루틴

01 아침 10분이 하루를 결정한다	217
02 루틴은 선택이 아니라 생존이다	222
03 '단축키' 같은 나만의 업무 공식 만들기	226
04 실패 없는 일정 관리 비법	230
05 일 잘하는 사람은 퇴근 전에 무엇을 할까?	235

〈처음부터 배우는〉 시리즈

"처음부터 배우는" 시리즈는 특정 주제에 대해 막연한 두려움을 가진 초보자와 일반 독자들이 쉽고 명확하게 이해할 수 있도록 기획되었습니다. 처음 접하는 사람들에게 복잡하고 어려운 내용을 친숙하고 간단한 방식으로 풀어내어 학습에 대한 부담을 덜어주고자 했습니다. 이 시리즈는 누구나 쉽게 시작할 수 있도록 구성되었으며, 실생활에서 바로 활용할 수 있는 실용적인 지식과 팁을 제공하여 독자들이 자신감을 가질 수 있도록 돕습니다.

또한, "처음부터 배우는" 시리즈는 초보자들이 핵심 개념을 반복적으로 접하고 이해를 깊이 할 수 있도록 중복된 내용을 일부 포함하고 있습니다. 이는 같은 개념을 여러 번 강조하여 독자들이 중요한 포인트를 놓치지 않고, 핵심적인 내용을 확실히 숙지하도록 돕기 위한 의도입니다.

부제인 "일 잘하는 사람들의 비밀 노트"는 각 분야의 성공적인 사람들이 지식을 활용하고 문제를 해결해 나가는 방식을 비밀 노트처럼 쉽게 설명하고자 하는 의도를 담고 있습니다.

왜 '업무 활용법'이 필요한가?

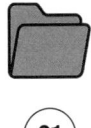

01
할 일은 많은데
뭐부터 해야 할지 모르겠다면

업무를 시작하려고 자리에 앉았는데 무엇부터 해야 할지 막막했던 경험은 누구에게나 있다. 메신저에는 회의 알림이 뜨고, 메일함에는 처리해야 할 메일이 쌓여 있으며, 상사는 오전 중으로 회의자료를 보내달라고 한다. 동시에 팀원은 슬쩍 다가와 '어제 약속한 거 기억하시죠?'라고 묻고 간다. 머릿속은 복잡하게 돌아가는데, 정작 손은 키보드 위에서 멈춰 있고, 화면만 멍하니 바라보게 된다. 해야 할 일이 많다는 건 알고 있지만 지금 가장 먼저 무엇을 해야 하는지 판단이 서지 않을 때, 사람은 일 자체보다 '결정하지 못하는 피로'에 먼저 지치게 된다. 그리고 이 피로는 단순한 체력 문제가 아니라, '일의 구조'를 보지 못할 때 누구나 겪게 되는 심리적 정체 상태다.

일을 시작조차 못하게 만드는 정리되지 않은 할 일들

예를 하나 들어보자. 입사 3개월 차인 수연은 아침마다 책상 앞에 앉을 때마다 불안함을 느낀다. 출근하면 슬랙과 메일을 확인하고, 달력을 열고, 노션을 켜고, 손에 들고 온 커피를 한 모금 마시면서 이리저리 창을 넘겨보다 보면 30분이 훌쩍 지난다. '뭘 먼저 하지?'라는 질문이 머릿속을 맴돌지만 뚜렷한 기준이 없기 때문에 우선 '급해 보이는' 일부터 손댄다. 그러다 보니 정작 중요한 일을 뒤로 미루게 되고, 시간이 촉박해졌을 때야 비로소 당황하며 진짜 중요한 일에 손을 대기 시작한다. 일의 순서를 스스로 판단하지 못하니 누군가의 지시나 외부 자극에 반응하듯 움직이게 되고, 하루의 주도권은 점점 자신이 아닌 '상황'에게 넘어간다. 수연은 매일 야근을 하고 있지만, 일은 줄지 않고 매일 같은 루틴을 반복한다. 그는 일에 치이는 게 아니라, '할 일의 정리되지 않은 흐름'에 갇혀 있는 것이다.

우선순위보다 먼저 필요한 건 구조화된 시야

사람들은 흔히 '우선순위를 정하라'고 말하지만, 사실 우선순위는 이미 구조가 잡힌 상태에서야 의미 있는 선택이 된다. 구조가 잡히지 않은 상태에서 우선순위를 정하라고 하면 그 순간 가장 눈에 띄는 것, 가장 급해 보이는 일, 혹은 가장 자신이 하기 쉬운 일을 선택하게 되기 쉽다. 예를 들어 오전에 슬랙으로 '지금 확인 부탁드려요'라는 메시지를 받으면 바로 그 일부터 하고, 메일 제목에 '긴급'이라고 붙은 것만 먼저 열어보게 되는 식이다. 이런 방식은 긴급한 일은 처리할 수 있어도, 중요한 일을 놓치게 만드는 함정이 된다. 실제로 가장 중요한 일은 메신저 알림이 없는 보고서 작성일 수도 있고, 오늘 오후 회의 준비일 수도 있으며, 이번 주 전체 업무 흐름을 계획하는 시간일 수도 있는데 이런 일들은 '조용히' 존재하기 때문에 우선순위에서 자꾸 밀려나고 결국 하루가 끝날 무렵 '아, 그걸 못했네' 하고 후회하게 된다.

'할 일'을 정리한다는 건 생각의 방향을 정리하는 일이다

'할 일'이라는 단어는 언뜻 단순해 보이지만, 그 안에는 굉장히 다양한 성격의 업무가 섞여 있다. 바로 처리해야 하는 일도 있고, 생각을 먼저 정리해야 하는 기획성 업무도 있으며, 누군가와 논의가 필요한 협업 업무도 있다. 이 서로 다른 성격의 일들을 한 줄로 쭉 써놓기만 하면, 오히려 더 복잡해진다. 할 일을 정리할 때는 단순히 나열하는 것이 아니라 업무의 속성과 목적, 흐름을 묶어서 정리해야 한다. 예를 들어 'A 안건 회의자료 작성'이라는 업무는 사실 그 안에 '관련 자료 조사 → 핵심 요약 → 자료 구성 → 디자인 요청'이라는 4단계의 소과제가 숨어 있는 것이다. 그런데 이를 단순히 '회의자료 만들기'라고 적어두면, 막상 어디서부터 시작해야 할지 몰라 다시 머릿속에서 분해하고 구조화하는 작업을 반복하게 된다. 이 과정이 빠르게 되지 않으면, 뇌는 '막막함'이라는 경고 신호를 내고, 손은 또다시 멈추게 된다.

작게 쪼개고 시각화하는 것이 시작이다

해결의 첫 걸음은 생각을 밖으로 꺼내어 '보이게' 만드는 것이다.

일을 잘하는 사람들은 머릿속으로 판단하지 않고, 손으로 꺼내어 정리하고, 그 흐름을 종이 위나 화면 위에서 직접 다룬다. 예를 들어, 하루 일과를 시작하기 전 A4 용지 하나를 꺼내 오늘 해야 할 일들을 먼저 '카테고리별로' 나눠 적는 것만으로도 시작은 훨씬 수월해진다. 이메일 처리, 회의 준비, 콘텐츠 작성, 피드백 회신 등으로 나누어 쓰기만 해도 머릿속에서 뒤엉켜 있던 생각들이 줄을 서기 시작한다. 여기에서 조금 더 나아가 각 항목 옆에 예상 소요시간을 써보면 '내가 감당 가능한 하루의 양'이 어느 정도인지 감각적으로 파악할 수 있고, 그걸 토대로 우선순위를 조정할 수 있게 된다. 일정표를 쓰는 이유는 일정을 채우기 위해서가 아니라, 일의 양을 시각화하고 조율하기 위해서인 셈이다.

사람은 생각보다 빠르게 패턴에 지배당한다

업무에 익숙하지 않은 사람일수록 그날그날 주어진 일에 반응하며 움직이기 쉬운데, 이 습관이 반복되면 '주도권 없는 업무 루틴'이 만들어진다. 처음엔 외부 자극에 의존했던 것이 점점 습관화되고, 결국 스스로 우선순위를 세우는 감각이 무뎌진다. 이때부터는 중요한 일과 긴급한 일의 구분도 사라지고, '가장 급해 보이는 일'만 반복해서 처리하게 되는 구조가 된다. 그래서 처음부터 작은 정리라도 스스로 시작해보는 것이 중요하다. 내가 오늘 해야 할 일은 어떤 흐름으로 이어지는지, 무엇이 오늘의 핵심이고 어디서부터 손을 대야 하는지를 스스로 파악할 수 있어야 한다. 정리와 판단은 처음에는 어렵지만 한두 번 반복하면 그 자체가 루틴이 되고, 그 루틴은 다시 집중력과 속도로 이어진다.

내 일의 '지도'를 그리는 것부터 시작하자

정리가 잘 된다는 건 할 일을 완벽하게 분리하고 정리해놓는다는 뜻이 아니다. 핵심은 흐름을 파악하고 '어디서부터 시작할 수 있을지'를 감각적으로 잡아내는 데 있다. 머릿속에 떠오르는 모든 일을 한 번에 처리하려고 하면 반드시 놓치는 것이 생기고, 그때마다 자신을 탓하게 되지만 사실 필요한 건 '생각의 지도'를 그리는 일이다. 내 업무의 흐름, 우선순위, 단계, 협업 포인트가 보이기 시작하면 일의 복잡함은 확실히 줄어든다. 할 일이 많다는 건 일을 잘할 수 있는 기회가 많다는 뜻이기도 하다. 그 기회를 놓치지 않으려면, 그날 해야 할 일 중 하나를 골라 작은 구조부터 그려보는 것, 그것이 실전 업무 활용의 첫 걸음이다.

02

끝이 안 보이는 보고서와 회의의 늪

회사 생활에서 회의와 보고서는 빼놓을 수 없는 일과 중 하나다. 하지만 많은 사람들에게 이 둘은 '일을 잘하기 위한 수단'이 아니라, 시간을 빼앗고 머리를 복잡하게 만드는 '덩어리 같은 과제'처럼 느껴진다. 회의는 끝났지만 뭘 정리해야 할지 모르겠고, 보고서는 시작했지만 어디서부터 써야 할지 막막하다. 하나의 보고서를 작성하는 데 반나절 이상 걸리고, 회의가 끝나도 '그래서 누가 뭘 하는 거지?'라는 질문만 남는다. 업무에서 중요한 건 결과를 만드는 능력인데, 회의와 보고서가 점점 그 자체가 일이 되어버리면 일의 중심이 흐려지고 반복적인 에너지 낭비가 생긴다. 실무에 처음 들어온 사람일수록 이 늪에 빠지기 쉽다. 결국 중요한 건 이 반복되는 루틴 속에서 '무엇이 실제로 의미 있고, 어떻게 해야 효율적인가'를 감각적으로 파악하는 일이다.

형식은 배웠지만 맥락은 모를 때 생기는 혼란

신입사원인 준혁은 입사 초기에 회의가 많다는 이야기를 듣고 '회사에는 중요한 일이 참 많구나'라고 생각했다. 실제로 매일 회의가 있었고, 각 팀마다 회의록을 작성하고 회의 결과를 정리해 공유해야 했다. 하지만 시간이 지나면서 그는 이상한 점을 느끼기 시작했다. 회의에서 나온 이야기가 정리되지 않은 채 다음 회의에서도 반복되었고, 회의록은 작성되지만 정작 그 안의 내용이 실제 업무로 연결되지 않았다. 심지어 보고서를 작성하기 위해 과거 회의 내용을 찾으려 했을 때는 회의록 파일이 여러 개로 흩어져 있거나 정리 방식이 제각각이어서 원하는 내용을 찾는 데만 한 시간을 쓰곤 했다. 보고서 작성도 마찬가지였다. 형식은 정해져 있었지만 무엇을 강조해야 하는지, 어떤 내용부터 써야 하는지에 대한 기준이 없으니 하루 종일 문서 편집 창만 바라보다가 정작 마감 직전에 급하게 내용을 채우는 일이 반복됐다. 그가 보고서 작성이나 회의 정리에 서툰 게 아니라, 그 일을 다루는 '맥락'을 알지 못한 채 형식만 따라가고 있었던 것이다.

끝나지 않는 회의, 목적 없는 보고서

실무에서 회의와 보고서가 자주 문제 되는 이유는 그것이 '수단'이 아닌 '목적'처럼 굴러가기 때문이다. 보고서는 원래 특정 결정을 돕거나, 정보 전달을 명확하게 하기 위해 존재한다. 회의도 문제를 해결하거나 방향을 조율하기 위한 과정이다. 그런데 실제 현장에서는 그 반대가 되곤 한다. 일단 보고서를 만들고 본다. 상사에게 보여주기 위한 보고서, 보여주기 위한 회의, 보여주기 위한 업무가 되어버린다. 회의는 자주 열리지만 정작 논의해야 할 주제 없이 흘러가고, 기록만 남기고 실천이 따르지 않는다. 보고서는 내용보다 양이 강조되고, 복잡한 도표와 수치로 채워진 문서들이 늘어난다. 그 결과 실무자는 방향을 잡지 못한 채 마감에만 쫓기고, 하루 종일 회의하고 정리만 하다 보면 정작 중요한 일에는 손도 못 대는 일이 반복된다.

정보를 쌓지 말고 흐름을 만들어야 한다

보고서나 회의 정리에서 중요한 건 많은 정보를 담는 게 아니라, 정보의 흐름을 명확히 만드는 것이다. 회의록을 예로 들어보자. 많은 초보자들이 회의 내용을 빠짐없이 적는 데 집중한다. 누가 무슨 말을 했는지, 어떤 의견이 나왔는지를 모두 받아적는다. 그런데 그렇게 작성된 회의록은 회의의 '흔적'은 남기지만 '방향'은 남기지 못한다. 정작 중요한 건 이 회의의 핵심 쟁점이 무엇이었고, 어떤 결론이 났으며, 누가 어떤 일을 맡게 되었는지다. 보고서도 마찬가지다. 시장 자료, 경쟁사 사례, 내부 지표 등 수많은 데이터를 붙여넣고 정리하는 데는 능숙하지만, 그 자료들이 어떤 의미로 연결되고, 지금 무엇을 판단해야 하는지를 보여주지 못하면 그것은 단지 '문서'일 뿐 '도구'가 될 수 없다. 회의와 보고는 흐름을 정리하고 방향을 공유하는 일이지, 데이터를 쌓는 일이 아니다.

작은 단서부터 잡아 정리해보는 연습

이 문제를 해결하기 위한 첫걸음은 '완벽하게 쓰는 것'보다 '핵심을 붙잡는 연습'을 먼저 하는 것이다. 회의에 들어가기 전 오늘 회의의 목적은 무엇인지, 논의하고 싶은 쟁점은 무엇인지 A4 용지에 적어보는 것만으로도 회의의 집중력이 달라진다. 회의가 끝난 뒤에는 누가 무슨 말을 했는지를 정리하기보다, 결론은 무엇이고 다음 행동은 무엇인지 '핵심 문장 세 줄'만 적어보는 것도 큰 도움이 된다. 보고서도 처음부터 모든 내용을 채워 넣으려 하기보다, '이 보고서를 왜 쓰는가' '이 자료를 본 사람이 어떤 결정을 내려야 하는가'를 먼저 한 문장으로 적어보는 것이 더 중요하다. 목적이 명확해지면, 자연스럽게 불필요한 내용은 줄어들고 필요한 정보만 정리되기 시작한다. 그 작은 질문 하나가 회의와 보고서의 질을 바꾸는 출발점이 된다.

보고서가 아니라 메시지를 써라

보고서가 길다고 해서 좋은 것이 아니다. 오히려 짧더라도 핵심이 명확한 보고서는 읽는 사람의 시간을 아끼고, 판단을 빠르게 돕는다. 회의록도 마찬가지다. 길게 적는 것보다 핵심을 요약하는 능력이 더 중요한 시대다. 회의와 보고서는 결국 '메시지'를 전하는 일이다. 내가 지금 이 문서를 통해 무엇을 말하고 싶은지를 분명히 하면 문장 구성도 간결해지고, 도표도 덜어낼 수 있고, 누구나 쉽게 내용을 파악할 수 있다. '보고용'이 아닌 '결정용' 문서를 만든다는 생각을 가지면, 보고서의 방향이 달라진다. 핵심이 없는 문장은 길게 써도 흐릿하고, 메시지가 선명한 글은 짧아도 강하다.

보고서와 회의는 일의 중심이 아니라 흐름의 촉진제다

회의와 보고서를 중심에 두고 업무를 설계하면 일이 회의에 종속되고 보고에 갇히게 된다. 하지만 이 둘을 흐름을 정리하고 다음 단계를 결정하는 도구로 이해하면 훨씬 가볍고 효율적으로 다룰 수 있다. 하루의 일정 중 회의와 보고서에 할애되는 시간이 많아질수록 정작 실질적인 실행 업무에 집중할 시간이 줄어든다. 그래서 회의와 보고를 줄이는 것이 아니라, '다르게 다루는 법'을 배우는 것이 중요하다. 단순히 적고 정리하는 것에 머무르지 않고, 전달하고 방향을 제시하는 도구로 활용하는 순간, 업무의 흐름은 눈에 띄게 달라진다.

정보를 잘 다루는 사람이 일도 잘하게 된다

회의와 보고서는 정보와 흐름을 다루는 감각을 키우는 가장 좋은 기회다. 사람마다 글쓰기나 말하기에는 차이가 있어도, 정보를 정리하고 의미를 구성하는 훈련은 누구나 할 수 있다. 실무의 대부분은 명확한 결정을 돕는 작은 판단의 연속이며, 회의와 보고는 그 판단을 준비하고 공유하는 과정이다. 형식에만 매달리지 말고 흐름을 보고, 흐름에서 메시지를 뽑아내고, 그 메시지를 중심으로 정리하는 감각을 조금씩 길러보자. 어느 날 문득 '이번 보고서는 딱 읽기 좋다'거나 '이번 회의는 생각보다 생산적이었다'는 말을 듣게 될 것이다. 그때부터 회의와 보고는 더 이상 벅찬 과제가 아니라, 일의 진짜 방향을 만드는 도구가 되어 있을 것이다.

03

일잘러와 일못러는 도대체 뭐가 다를까?

회사가 바쁜 건 누구나 안다. 정해진 시간 안에 많은 일을 처리해야 하고, 여러 사람과 협업도 해야 하며, 상황은 계속 바뀌고 갑작스러운 요청도 수시로 들어온다. 그런데 이런 같은 환경 속에서도 어떤 사람은 여유 있어 보이고, 일처리도 매끄럽고, 상사나 동료의 신뢰도 얻는다. 반면 어떤 사람은 늘 시간에 쫓기고, 중요한 걸 빠뜨리고, 일은 열심히 하는데도 평가가 낮다. '일을 잘한다'는 말은 단지 결과만을 말하는 게 아니라, 그 일을 대하는 방식과 처리 과정, 그리고 함께 일하는 사람에게 주는 신뢰감까지 포함한다. 그래서 종종 묻게 된다. 똑같이 회의하고, 똑같은 자료를 받아서 일했는데, 도대체 뭐가 다른 걸까?

문제는 태도보다 방식에 있다

일못러가 꼭 태만하거나 불성실한 건 아니다. 오히려 많은 경우 그들은 더 열심히 일한다. 퇴근도 늦고, 점심도 대충 먹고, 늘 바쁘다. 그런데도 중요한 일이 누락되거나, 보고서가 미흡하거나, 커뮤니케이션이 매끄럽지 않다. 반대로 일잘러는 겉으로 보기엔 여유 있어 보이고, 일의 흐름을 자연스럽게 이끌어가며, 실수가 거의 없다. 두 사람 사이의 차이는 태도보다 '일을 처리하는 방식'에서 생긴다. 어떤 순서로 일을 시작하고, 정보를 어떻게 정리하며, 협업에서 어떤 역할을 하고 있는지에서 차이가 벌어진다. 이 방식의 차이는 하루하루는 비슷해 보여도, 시간이 지날수록 뚜렷한 결과 차이로 이어진다.

같은 프로젝트, 다른 결과

마케팅팀에서 진행된 한 분기 캠페인 프로젝트를 예로 들어보자. 기획안 작성을 맡은 두 사람, 지현과 태호는 같은 회의를 듣고 같은 자료를 전달받았다. 지현은 회의 직후 바로 노션에 회의 내용을 정리해두고, 캠페인 목적과 타깃을 기준으로 키워드를 추려 브레인스토밍을 시작했다. 그리고 초안 작성 전에 다른 팀과 협업이 필요한 항목들을 먼저 체크해 피드백 일정을 조율했다. 반면 태호는 회의 이후 받은 자료를 내려받고 여러 창을 띄워놓은 채 여기저기 정보를 흩어놓은 상태에서 본격적인 기획안을 작성하려 했다. 하지만 관련 내용이 많고 구조가 머릿속에서 잡히지 않아 초안을 반복해 수정했고, 마감 하루 전날까지도 파일이 완성되지 않았다. 결국 지현의 기획안은 보고를 거쳐 수정 없이 통과되었고, 태호는 다시 수정 요청을 받았다. 내용의 질이나 아이디어의 수준이 아니라, 정보를 정리하고 활용하는 방식에서부터 결과의 차이가 시작된 것이다.

정리와 기록, 그리고 흐름을 만드는 힘

일을 잘한다는 건 단순히 속도가 빠르거나 요령이 많다는 뜻이 아니다. 중요한 건 흐름을 만들 수 있느냐는 점이다. 일이 흘러가는 순서를 파악하고, 그 안에서 내가 해야 할 역할을 정리하고, 다음 단계를 예측하는 사람이 일의 흐름을 잡을 수 있다. 일잘러는 항상 자신이 지금 무엇을 하고 있고, 왜 그것을 하는지, 그리고 다음에 무슨 일이 이어질지를 생각하면서 일한다. 반면 일못러는 주어진 일에 반응하느라 바쁘고, 눈앞에 있는 과제를 처리하는 데 집중하다 보니 전체 흐름을 보기 어렵다. 두 사람 모두 같은 자료를 받았더라도, 정리하고 구성해나가는 방식이 다르기 때문에 완성되는 문서도, 설명하는 태도도 다르게 보인다. 그 작은 차이가 '이 사람은 일 잘하네'라는 인상을 만든다.

일의 목적을 이해하면 판단이 빨라진다

일잘러는 일을 시작하기 전 그 일이 왜 필요한지를 먼저 생각한다. 그래서 보고서를 쓸 때도 단순히 정보를 나열하기보다, 어떤 메시지를 전달할 것인지부터 정리하고 시작한다. 회의도 단순히 참석하는 것이 아니라, 어떤 결정을 도와야 하는지, 논의의 쟁점이 무엇인지 미리 머릿속에 정리하고 들어간다. 이렇게 되면 판단이 빨라지고, 설명도 명확해지고, 상대방에게 신뢰를 준다. 반면 일못러는 주어진 일을 그대로 처리하려는 경향이 크고, 판단이 필요한 상황에서 망설이거나, 상황 설명은 많은데 결론이 없다. 이런 경우 결정권자는 더 많은 질문을 던져야 하고, 결과적으로 신뢰보다는 혼란이 남는다. 판단은 경험에서 오기도 하지만, 그 전에 목적을 이해하고 핵심을 붙잡으려는 훈련에서 길러진다.

사람들은 결과보다 흐름에 감동한다

보고서를 잘 썼다고 칭찬받는 사람들은 대체로 글을 잘 쓰는 사람이 아니라, '보고서가 왜 필요한지'를 이해하고 글을 구성하는 사람이다. 회의 중에도 논리적으로 말하는 사람보다, '지금 어떤 이야기로 흐르고 있는지를 알고 말하는 사람'이 더 설득력을 가진다. 결국 사람들은 결과보다 그 사람이 만들어가는 흐름과 태도에 감동하게 된다. 일잘러는 그 흐름을 자연스럽게 만드는 사람이고, 일못러는 흐름에 휩쓸리는 사람이다. 같은 환경에서도 흐름을 타고 가는 사람과 계속 버벅이는 사람의 차이는 시간이 갈수록 커진다. '실력'이 아니라 '흐름을 이해하고 활용하는 능력'이 진짜 실무의 핵심이라는 사실을 놓치지 말아야 한다.

어떻게 하면 일잘러가 될 수 있을까?

정답은 작게 시작하는 것이다. 하루 일과를 시작하기 전에 오늘 해야 할 일을 구조화해보는 습관부터 시작해도 좋다. 예를 들어 '오전 : 회의 준비 및 자료 조사 → 오후 : 초안 작성 → 마감 확인 및 공유'처럼 흐름을 잡아보는 것이다. 메일이나 슬랙을 확인할 때도, 모든 메시지를 단순히 처리하기보다 '이 메시지에서 내가 해야 할 핵심 행동은 뭘까?'를 먼저 생각하는 연습을 해보자. 회의 후에도 모든 발언을 정리하기보다 '결론은 무엇이었는가, 다음 행동은 무엇인가'를 먼저 요약하는 습관을 가져보자. 이 작은 훈련들이 모이면 일을 다루는 감각이 생기고, 그 감각이 결국 일잘러로 성장하는 바탕이 된다.

일머리는 재능이 아니라 감각이다

사람들은 종종 '나는 일머리가 없다'고 말하지만, 사실 일머리는 정리하고 흐름을 읽고 판단하는 감각에서 시작된다. 그 감각은 배우지 않아도 길러질 수 있지만, 배워서 훨씬 빠르게 익힐 수도 있다. 일머리가 있는 사람은 결국 일에 대한 이해도가 높고, 이해도가 높다는 건 구조를 꿰뚫어볼 수 있다는 뜻이다. 일잘러와 일못러의 차이는 그렇게 복잡하지 않다. '왜 이 일을 하고 있는지'를 스스로 이해하고, 그것을 바탕으로 정보를 다루고 흐름을 만들 수 있느냐가 핵심이다. 처음에는 작은 정리에서 시작하더라도, 어느 순간부터 흐름을 스스로 주도하고 있다는 걸 느끼게 될 것이다.

04

'정리'만 잘해도 일이 줄어든다

하루하루 바쁘게 일하는데도 늘 끝이 보이지 않는 느낌이 들 때가 있다. 해야 할 일은 계속 생기고, 처리한 일보다 처리 못한 일이 더 많아지는 것처럼 느껴지고, 주말에도 머릿속은 일로 가득 차 있다. 주변 사람들은 일에 치여 힘들다며 공감해주지만, 속으로는 자꾸 의심하게 된다. '내가 뭘 놓친 걸까? 왜 나는 이 일들이 다 버겁게만 느껴질까?' 그런데 가만히 들여다보면 진짜 문제는 '일의 양'보다 '일의 정리 상태'에 있다. 정리가 안 된 일들은 머릿속에서 계속 부유하면서 정신적 에너지를 소모시키고, 이 에너지는 생각보다 빠르게 피로를 불러온다. 일이 많은 것처럼 느껴지는 순간 대부분은 일이 얽혀 있는 상태다. 머릿속이 지저분할수록 손은 더 느려지고, 결정도 느려진다. 해결책은 생각보다 단순한 데 있다. '일을 줄이는' 것이 아니라, '일을 정리하는 것'이다.

노트북 앞에서 한 시간째 제자리인 사람

디자인 업무를 맡고 있는 지훈은 매주 월요일마다 마케팅팀과 협업해 주간 배너 제작을 진행한다. 회의는 오전에 끝났고, 제작 일정도 공유받았고, 사용할 브랜드 이미지와 카피도 전달받았다. 하지만 정작 작업을 시작하려고 노트북을 펼쳐본 순간, 지훈은 마우스를 움직이다가 손을 멈췄다. 어느 파일부터 열어야 할지, 어떤 배너를 먼저 해야 할지, 어떤 버전으로 시안을 만들지 판단이 서지 않았기 때문이다. '우선 하나부터 해보자'는 마음으로 시작해보지만 20분쯤 지나자 슬랙으로 수정 요청이 오고, 팀장이 지나가며 '지난 배너 레이아웃으로 먼저 구성해볼 수 있어요?'라고 말한다. 다시 앞의 작업을 저장하고 파일을 뒤적이는 사이 집중은 흐트러지고, 처음 하려던 일이 어느새 뒷전이 된다. 점심시간이 가까워질 무렵, 지훈은 아직도 시작했던 그 화면에서 크게 벗어나지 못한 채 앉아 있다. 실질적인 작업은 거의 하지 못했지만, 뇌는 이미 몇 시간 동안 풀가동되어 지친 상태다. 지훈의 하루는 일이 많아서 힘든 게 아니라, 일의 정리가 안 된 채 시작했기 때문에 계속 엉켜버린 것이다.

정리는 단순한 '정돈'이 아니다

'정리'라고 하면 보통 파일을 예쁘게 정렬하거나, 책상을 깨끗이 치우거나, 문서를 정돈하는 이미지를 떠올리기 쉽다. 하지만 실무에서 말하는 정리는 단순한 정돈이 아니다. 여기서 말하는 정리는 '일의 흐름과 우선순위를 스스로 설계할 수 있게 만드는 구조화'다. 어떤 일을 해야 하는지 뿐 아니라, 어떤 순서로 해야 할지, 지금 해야 할 일과 나중에 해도 될 일을 어떻게 구분할지, 전체 흐름 속에서 현재 단계는 어디쯤인지까지 스스로 명확히 알 수 있도록 만드는 사고의 정렬이다. 이 정리가 되지 않으면 모든 일이 다 급해 보이고, 한 가지 일에 집중해도 계속 다른 알림과 생각들이 끼어든다. 하지만 흐름과 구조를 세운 사람은 동시에 여러 일이 있어도 흔들리지 않고, 어떤 일을 먼저 처리해야 하는지를 빠르게 판단한다. 이런 감각은 단기간에 생기지 않지만, 작게 반복하면서 훈련할 수 있는 능력이다.

정리를 잘하면 일이 줄어드는 이유

정리를 잘하면 일이 실제로 줄어들기도 한다. 이유는 세 가지다. 첫째, 중복 작업이 줄어든다. 예를 들어 메일 내용을 정리해놓지 않으면 같은 내용을 여러 번 묻거나 되풀이해서 설명해야 하고, 결과적으로 같은 일을 두세 번 하게 된다. 둘째, 일이 새로 생기기 전에 대비할 수 있다. 정리가 되어 있는 사람은 예상되는 이슈나 필요한 자료를 미리 준비하기 때문에 급한 요청이 들어왔을 때도 당황하지 않고 처리할 수 있고, 실수가 줄어든다. 셋째, 협업의 효율이 올라간다. 정리된 상태로 다른 사람에게 전달하면, 상대방도 내용을 빠르게 이해하고 의사결정 속도도 빨라진다. 혼자 일하는 것 같아 보여도, 회사에서의 모든 업무는 결국 연결되어 있기 때문에 내가 정리를 잘하면 팀 전체가 수월해진다. 결국, 정리는 단지 개인의 습관이 아니라 조직 전체의 생산성을 끌어올리는 시작점이 된다.

일정표보다 흐름표를 먼저 그려야 한다

많은 사람들이 해야 할 일을 캘린더에 시간별로 쪼개 넣는 것부터 시작하려 한다. 물론 시간 단위로 계획을 짜는 것도 도움이 된다. 하지만 그보다 먼저 해야 할 일은 '흐름'을 그리는 것이다. 예를 들어 기획안 작성이라는 업무가 있다면, '자료 조사 → 아이디어 구성 → 초안 작성 → 피드백 반영'이라는 흐름이 먼저 떠올라야 한다. 이 흐름을 이해한 뒤에야 각 단계를 어느 시간에 배치할지 결정할 수 있고, 예상보다 시간이 많이 걸릴 수 있는 구간에 여유를 줄 수 있으며, 병목 지점을 미리 파악할 수 있다. 흐름이 없이 일정만 정리하면, 막상 일정대로 움직이지 못했을 때 방향을 잃게 된다. 반대로 흐름이 정리되어 있는 사람은 예기치 않은 상황에서도 유연하게 순서를 조정하고 본질을 유지할 수 있다. 실무에서 중요한 건 계획이 아니라 유연성이고, 유연성은 구조를 파악한 사람에게서 나온다.

사소해 보여도 반복되는 루틴이 일의 질을 바꾼다

매일 아침 책상에 앉아 오늘 해야 할 일 3가지를 종이에 써보는 것만으로도 업무 집중력은 달라진다. 하루가 끝나기 전 5분 동안 오늘 처리한 일과 미처 처리하지 못한 일을 정리해보는 습관은 다음 날의 준비를 훨씬 수월하게 만든다. 작은 루틴은 단순해 보이지만, 이 반복이 쌓이면서 '일을 빠르게 파악하는 감각'을 길러준다. 실제로 일을 잘하는 사람들을 보면 아주 기본적인 정리 습관이 몸에 배어 있다. 메일에 바로바로 라벨을 붙이거나, 자료를 폴더 구조에 따라 정리하거나, 슬랙 채널마다 대화 정리를 해두는 등, 소소한 습관 하나하나가 일 전체의 속도와 정확도를 높인다. 정리란 거창한 것이 아니라, 반복 가능한 정리를 자동화하는 습관이며, 그것이 실무의 기본 체력을 만든다.

사람이 아닌 시스템에 기대는 것이 똑똑한 정리다

정리를 잘한다는 건 기억력이 좋다는 뜻이 아니다. 오히려 일을 잘하는 사람일수록 기억에 의존하지 않는다. 메모 앱, 캘린더, 노션, 구글 드라이브, 심지어 종이 노트까지 다양한 도구를 상황에 맞게 조합해 자신의 정리 시스템을 만든다. 시스템이 있으면 일이 몰릴 때도 흔들리지 않고, 누군가 갑자기 대신 맡더라도 금방 파악할 수 있다. 정리를 사람의 머릿속에서 꺼내어 시스템에 맡기는 습관이 자리 잡히면 일의 부하가 눈에 띄게 줄어든다. 특히 협업 상황에서는 이 시스템이 곧 신뢰가 되며, 정리된 정보는 말보다 더 많은 것을 설명해 준다. 결국 일 잘하는 사람의 핵심은 '혼자 할 수 있는 능력'이 아니라, '잘 공유할 수 있는 시스템'을 가지고 있다는 점이다.

정리를 시작하는 가장 쉬운 방법

어디서부터 정리를 시작해야 할지 막막하다면, 지금 하고 있는 일을 하나만 선택해 흐름을 적어보는 것부터 시작해보자. 예를 들어 '블로그 콘텐츠 제작'이라는 일 하나를 고르고, 이걸 위해 해야 할 세부 단계를 쭉 적어보는 것이다. 자료 조사 → 키워드 추출 → 초안 작성 → 이미지 삽입 → 검수 요청 → 업로드 순서로 흐름을 정리해두면, 일이 줄어들진 않아도 복잡함은 확실히 줄어든다. 이렇게 하나하나 흐름이 눈에 보이기 시작하면, 다음 일도 자연스럽게 구조화할 수 있고, 정리가 되는 만큼 일의 속도도 붙게 된다. 시작은 단순하지만, 그 효과는 생각보다 훨씬 크다.

정리는 일의 시작이자 마무리다

정리가 잘 되면 일은 덜 복잡하게 느껴지고, 판단은 더 빠르게 이루어진다. 일이 줄어든다는 건 단순히 양이 줄어드는 게 아니라, 같은 일을 하더라도 덜 헤매고 더 정확하게 해낸다는 뜻이다. 초보일수록 더 많이 움직이고 더 오래 앉아 있으려고 하지만, 중요한 건 어디에 시간을 쓰는지다. 정리는 그 시간을 올바르게 배분하게 만들고, 일의 본질을 놓치지 않게 해준다. 결과적으로 일이 쌓이지 않게 되는 것은, 정리를 잘하는 사람에게 주어지는 가장 분명한 보너스다.

05

실무의 80%는
반복 업무다

처음 입사했을 때는 모든 일이 새로워 보인다. 회의에 참석하는 것도, 보고서를 쓰는 것도, 팀원들과 협업하는 것도 낯설고 어렵게 느껴진다. 새로운 환경에서 해야 할 일들을 하나하나 배우는 과정은 분명 중요하고 긴장감을 유발하지만, 일정 시간이 지나면 누구나 공통적으로 깨닫는 사실이 있다. '이 일, 지난번이랑 거의 똑같네?' 바로 실무의 대부분이 반복된다는 것이다. 팀장에게 제출하는 주간 보고서는 늘 비슷한 형식이고, 매주 진행하는 월간 회의도 구조가 비슷하며, 고객 응대나 데이터 입력처럼 구체적인 업무는 방식만 익히면 계속 반복된다. 업무는 무에서 유를 만드는 창의적인 작업이라기보다, 이미 있는 것을 다시 다듬고 조합하는 작업인 경우가 훨씬 많다. 중요한 건 그 반복을 어떻게 다루느냐에 따라 업무의 밀도와 여유, 그리고 결과의 품질이 크게 달라진다는 점이다.

반복을 매번 새롭게 처리하다가 지친 사람

인턴 기간을 마치고 정규직으로 전환된 민정은 디자인팀에서 각종 배너와 SNS 콘텐츠를 맡고 있다. 매주 같은 시간에 SNS 업로드 스케줄이 돌아오고, 사용되는 콘텐츠 형식도 크게 다르지 않다. 하지만 그녀는 매번 작업할 때마다 처음 하는 것처럼 자료를 다시 찾고, 지난 작업물을 일일이 열어보며 어떤 스타일이었는지 기억을 더듬는다. 디자인 툴을 켜고 한참을 고민하다가야 작업을 시작하고, 중간에 빠뜨린 요소가 생각나면 다시 편집을 반복하는 식이다. 프로젝트마다 새롭게 다가오는 것처럼 느껴지지만, 실은 지난 작업과 크게 다르지 않다. 반복되는 일을 매번 새로 시작하니 시간은 오래 걸리고 에너지는 쉽게 소진된다. 결국 그녀는 업무량이 늘어날수록 버거움을 느끼고, 단순한 반복 속에서도 스스로 뒤처지고 있다는 생각에 자주 좌절하게 된다. 문제는 그녀가 일을 몰라서가 아니라, 반복되는 구조를 인식하지 못한 채 매번 '처음처럼' 대하고 있기 때문이다.

실무는 반복, 반복은 시스템이다

업무의 80% 이상이 반복된다는 사실은 많은 사람들에게 의외로 느껴질 수 있지만, 실제로 거의 모든 조직의 실무는 반복되는 흐름으로 이루어져 있다. 정해진 양식을 활용한 문서 작성, 주기적인 회의, 유사한 유형의 고객 응대, 비슷한 패턴의 자료 조사와 취합, 내용만 달라지는 기획안 등은 반복의 연속이며, 반복되는 업무가 전체 일과를 차지하는 비중은 생각보다 훨씬 크다. 반복 업무는 게으름이나 창의성 부족과는 전혀 관계가 없다. 오히려 반복되는 업무를 잘 다루는 사람일수록 속도와 정확도 모두에서 앞서고, 반복 속에서 예외를 빠르게 감지할 수 있는 감각도 갖추게 된다. 그래서 실무에서의 핵심은 반복을 피하는 것이 아니라 반복을 '시스템화'하는 것이다. 같은 과정을 거치는 일이라면, 그 흐름을 미리 정리하고 기준을 세우고 자동화하거나 정형화하는 방식으로 접근하면 에너지를 덜 들이고도 더 많은 결과를 낼 수 있게 된다.

반복을 감지하면 시간은 절반이 된다

처음에는 무엇이 반복이고 무엇이 예외인지 구분하는 것이 쉽지 않다. 하지만 하루 동안 한 일을 정리해보면 의외로 비슷한 유형의 일이 반복되고 있다는 것을 발견하게 된다. 메일을 보낼 때도 같은 인사말, 같은 구조, 비슷한 피드백을 쓰고 있고, 보고서도 항상 유사한 틀을 기반으로 작성되며, 회의는 대부분 특정 주제나 문제를 반복적으로 다룬다. 이런 패턴을 인식하게 되면 매번 새롭게 쓰는 게 아니라 '템플릿'을 만들거나, 기준을 세워두거나, 정해진 순서를 준비할 수 있게 된다. 예를 들어 반복적으로 작성하는 업무 보고서는 아예 '기본 골격'을 만들어두고, 그 안에 핵심만 바꿔 채우는 식으로 작업하면 작성 시간이 절반으로 줄어든다. 회의 준비도 마찬가지다. 매주 회의에서 나오는 공통 질문, 체크포인트를 미리 정리해두면 논의가 산으로 가는 일을 방지할 수 있고, 준비도 더 간결해진다. 반복을 감지하면 시간뿐 아니라 에너지의 낭비도 크게 줄일 수 있다.

자동화보다 먼저 필요한 건 '정형화'

많은 사람들이 반복 업무를 이야기할 때 자동화를 먼저 떠올리지만, 자동화는 그다음 단계다. 중요한 건 먼저 '정형화'하는 것이다. 자동화는 시스템이나 툴이 필요하지만, 정형화는 나의 반복을 인식하고 일정한 방식으로 정리하는 데서 시작된다. 예를 들어 고객 문의에 대해 자주 쓰는 답변을 문장별로 메모장에 정리해두는 것, 자주 쓰는 보고서 표현을 한 페이지에 모아두는 것, 반복되는 문서 형식을 일정한 템플릿으로 고정해두는 것 등이 모두 정형화다. 이 과정이 익숙해지면 나중에 이 정형화된 틀을 기반으로 자동화가 가능해진다. 처음부터 자동화를 시도하면 오히려 복잡해지지만, 반복을 인식하고 정리하는 감각이 생기면 나만의 업무 시스템이 생기고, 그 시스템은 퇴근 시간을 앞당겨주는 가장 강력한 도구가 된다.

반복 업무, 템플릿 하나로 바뀌다

회계팀에 있는 수빈은 매주 팀장에게 주간 업무 보고 메일을 보낸다. 처음에는 늘 새롭게 작성하느라 시간도 오래 걸렸고, 어떤 형식으로 써야 할지도 매번 고민스러웠다. 하지만 어느 순간부터 수빈은 업무 내용이 거의 비슷하게 반복되고 있다는 사실을 인지했고, 주요 업무 항목을 5가지 정도로 나누어 미리 항목별로 템플릿을 만들어두었다. 그 후부터는 매주 월요일 아침, 지난 주 진행 상황을 각 항목 아래에만 정리하면 끝이었다. 작성 시간은 30분에서 5분으로 줄었고, 보고 내용도 훨씬 명확해졌으며, 팀장은 '보고가 보기 쉬워졌다'며 긍정적인 피드백을 주었다. 수빈은 반복 업무에서 '패턴을 감지하고 정형화하는 습관' 하나만으로 업무 효율을 확실히 개선시킬 수 있었다.

반복을 잘 다루는 사람은 예외에도 강하다

반복 업무를 잘 처리하는 사람은 예외 상황에도 빠르게 대응할 수 있다. 왜냐하면 기본 흐름이 이미 정리되어 있기 때문에 예상과 다른 상황이 생겨도 흐름을 유지한 채 문제를 해결할 수 있기 때문이다. 반면, 반복을 구조화하지 않은 사람은 예외가 생기면 전체 흐름이 무너지고, 다른 일까지 영향을 받게 된다. 반복이 정리되어 있다는 건 결국 '기준'이 있다는 뜻이고, 기준이 있는 사람은 판단과 설명이 빠르며 협업 시에도 신뢰를 얻기 쉽다. 회사는 다양한 사람이 함께 일하는 곳이기 때문에, 혼자만 아는 방식이 아니라 '누구와도 공유 가능한 구조'를 만들 수 있는 사람이 조직 전체의 속도를 높이게 된다.

지루한 게 아니라, 익숙해져야 할 것이다

반복 업무를 이야기하면 흔히 '지루하다', '창의적이지 않다'는 말이 따라붙는다. 하지만 반복이란 익숙해질수록 잘할 수 있는 영역이고, 반복 속에 숨어 있는 효율성을 찾아내는 것도 하나의 실력이다. 오히려 반복되는 업무를 성실히 정리하고 시스템화할 수 있는 사람이 새로운 프로젝트를 맡았을 때에도 더 빠르게 적응하고 안정적인 흐름을 만들 수 있다. 중요한 건 반복을 대하는 태도보다, 반복을 다루는 방식이다. 반복은 훈련을 가능하게 하고, 그 훈련은 감각을 만들고, 감각은 결국 일머리가 된다.

반복은 피로가 아니라 기회다

처음엔 복잡하게 느껴졌던 일도 반복을 통해 단순화할 수 있고, 단순화된 흐름은 실수를 줄이고 자신감을 만든다. 반복이 많다는 건 자동화할 수 있는 가능성이 많다는 뜻이고, 반복을 잘 정리할 수 있는 사람은 더 많은 일을 효율적으로 해낼 수 있다는 것을 의미한다. 실무의 80%가 반복이라는 사실을 두려워할 필요는 없다. 오히려 이 반복 속에서 나만의 방식과 기준을 만들어내는 것이 실무의 시작이고, 그것이야말로 진짜 실력의 밑바탕이 된다.

회사에서 겪는 다양한 상황, 어떻게 정리하고 활용할까?

01
이메일 한 통으로
1시간을 날린 사연

수진은 입사 3개월 차 신입사원이었다. 늘 긴장감 속에 하루를 보내고 있었지만, 오늘은 유난히 부담감이 컸다. 오전 9시, 팀 전체 회의가 끝난 직후 팀장이 말했다. '수진 씨가 회의 내용 정리해서 공유 메일 보내줘요. 오전 중으로.' 순간 머리가 하얘졌지만, 수진은 고개를 끄덕이고 자리로 돌아왔다. 노트북을 열고 아까 회의 중에 적어둔 메모를 바탕으로 메일을 작성하기 시작했다.

회의에서 논의된 주제는 총 세 가지였다. 첫 번째는 이번 분기 프로젝트 일정 조율, 두 번째는 새롭게 바뀐 마케팅 콘텐츠 운영 방식, 마지막은 각 부서별 협업 항목 정리였다. 수진은 최대한 간결하게 쓰려 애썼다. '오늘 회의 내용을 공유드립니다. 프로젝트 일정은 다음 주 초를 목표로 조율 예정이며, 마케팅 콘텐츠는 기존 방식과 병행됩니다. 부서별로 협업 항목은 추후 구두로 조율 부탁드립니다.'

메일을 보내고 나자 처음엔 아무 반응이 없었다. 하지만 점심시간이 다가오면서 메신저 알림이 울리기 시작했다. '수진 씨, 일정이 확정됐다는 건가요?', '우리 부서 협업 항목이 뭐였죠?', '콘텐츠 병행이 어떤 의미인가요?' 질문은 점점 늘어났고, 어떤 팀원은 마케팅 부서 쪽으로 이미 자료 요청을 보냈다고 말했다. 수진은 당황했다. 메일을 다시 확인해보니, 자신도 어느 부분이 애매했는지 알 것 같았다. 내용이 너무 뭉뚱그려져 있었고, 누가 무엇을 해야 하는지가 전혀 드러나지 않았다. 무엇보다, 회의를 참석하지 않은 사람이 이 메일만 보고는 도저히 상황을 이해할 수 없을 것 같았다.

팀장은 결국 수진에게 다시 정리를 요청했다. '메일은 회의록이 아니에요. 전달하고 실행되게 쓰는 게 중요해요.' 그러면서 수진에게 간단한 팁 하나를 전해줬다. '받는 사람이 처음 보는 사람이라고 생각하고 써보세요.' 이 말은 단순하지만 강력했다. 수진은 곧바로 다시 메일을 작성했다. 이번에는 제목부터 바꿨다. [회의 요약] 3월 프로젝트 일정 및 마케팅 운영안(각 부서 협업 요청 포함). 제목만으로도 무슨 내용인지 확연히 드러나게 구성했다.

본문은 항목을 나눠서 정리했다.

① **프로젝트 일정**

- 목표 일정 : 3월 13일 주간
- 조율 대상 : 기획팀, 디자인팀
- 요청 사항 : 각 팀은 금요일까지 내부 일정 검토 후 회신 부탁드립니다.

② 마케팅 콘텐츠 운영 방식 변경
　- 기존 : 주 3회 이미지 콘텐츠 중심
　- 변경 : 주 2회 이미지 + 주 1회 영상 콘텐츠 병행
　- 담당자 : 콘텐츠팀(박다현 사원)

③ 부서별 협업 항목 정리 요청
　- 기획팀 : 영상 아이디어 초안 작성
　- 디자인팀 : 썸네일 시안 제작
　- 일정 : 3월 6일까지 1차 안 회신 요망

　이메일을 보낸 후에는 이전과 달랐다. 질문이 줄었고, 각 팀은 일정에 맞춰 자료를 공유했다. 수진은 처음으로 '정리된 이메일이 팀 전체의 시간을 줄인다'는 걸 실감했다. 메일 한 통이 단순한 커뮤니케이션 수단이 아니라, 실질적인 '업무 정리의 완성'이라는 것도 느꼈다. 이후 수진은 메일을 작성할 때마다 '구조'를 먼저 생각하게 되었다. 회의 내용을 단순히 나열하는 것이 아니라, 수신자 입장에서 '무엇이 결정됐고, 내가 뭘 해야 하며, 언제까지 해야 하는가'를 한눈에 볼 수 있도록 구성했다. 어떤 메일이든 '제목 – 요약 – 항목별 정리 – 실행 사항'이라는 틀을 먼저 잡고 글을 썼다. 그 결과, 실수도 줄었고 팀장에게 '이제 메일 쓰는 속도도 빨라졌네요'라는 말을 들을 수 있었다.
　사실 많은 사람들은 이메일을 그냥 '의례적인 전달 수단' 정도로

여긴다. 하지만 정리가 안 된 메일은 오히려 전달받은 사람에게 다시 해석해야 하는 '일'을 남긴다. 특히 실무 현장에서는 메일 하나가 다음 업무의 출발점이 되기 때문에, 애매한 표현이나 흐릿한 구성은 치명적인 시간 낭비로 이어진다. 반면, 명확하게 정리된 메일은 그 자체로 회의록이 되고, 실행 지시가 되고, 일정표가 된다. '메일을 잘 쓴다'는 건 곧 '일을 구조화할 수 있다'는 의미이며, 그것만으로도 실무 능력은 한층 올라간다.

초보자라면 다음 세 가지를 기억해두면 좋다.

첫째, 메일 제목은 요약 문장이다. '회의 내용 공유드립니다'는 제목으로는 아무것도 전달되지 않는다. 어떤 회의였고, 어떤 핵심이 담겨 있는지를 짧게 표현해보자.
둘째, 본문은 항목별로 나누고, 결정사항 - 요청사항 - 담당자 - 기한 네 가지 요소를 포함하자.
셋째, 회의 내용을 메일로 정리하는 건 '보고'가 아니라 '정리'라는 점을 기억하자. 그래야 팀 전체가 일을 똑같이 이해하고, 같은 방향으로 움직일 수 있다.

수진처럼 처음엔 실수할 수 있다. 하지만 메일을 쓰는 방식 하나 바꾸는 것만으로도 하루의 업무는 달라진다. 그리고 메일을 잘 쓴다는 건 단지 언어 감각의 문제가 아니라, 일을 잘 꺼내 쓰는 감각의 시작이다. 작은 메일 한 통이 바꿔놓는 커다란 변화를, 지금부터 경험해보자.

02

말로 한 약속,
나중에 다르게 기억되는 이유

직장 생활을 하다 보면 '말'로 시작된 약속이 '문제'로 끝나는 경우가 자주 있다. 특히 회의나 정식 자리가 아닌 가벼운 대화 중에 나온 일들은 문서화되지 않은 채로 흘러가기 때문에, 시간이 지난 뒤에는 기억에만 의존하게 된다. 예를 들어 팀장이 지나가며 '이건 다음 주까지 정리해줘요'라고 말한 걸, 듣는 사람은 그냥 참고용으로 들었을 수도 있다. 혹은 업무 우선순위가 밀리는 다른 일들에 섞여 기억 속에 묻힐 수도 있다. 문제는 시간이 지나고 나서 '그거 왜 안 했어?'라는 말을 듣는 순간, 양측의 기억은 다르게 작동하기 시작한다. 한쪽은 '그거는 확정된 일이 아니었잖아요'라고 생각하고, 다른 한쪽은 '분명히 지시했는데 왜 안 했냐'고 되묻는다. 결국 여기서 발생하는 감정의 골은 단순한 '일의 유무'가 아니라 '말에 대한 기억'의 충돌이다. 말은 순간에 남지만 책임은 나중에 확인되기 때문에, 애초에 기록을 남기는 습관이 신뢰와 오해의 갈림길을 결정하게 된다.

기억의 충돌은 어떻게 다툼으로 번지는가

이런 상황은 특히 구두 전달이 많은 팀이나 스타트업, 상명하복 문화가 강한 조직에서 자주 발생한다. '그때 말하지 않았어요?', '회의 때 정했잖아요', '분명 그건 하지 말라고 했는데요?'와 같은 문장이 반복되면, 문제는 일이 아니라 '책임'이 어디에 있는지에 대한 다툼이 된다. 흥미로운 건, 이 문제의 원인이 기억력이나 성의가 아니라 '기록'의 부재라는 점이다. 어떤 일이 정해졌고, 누가 어떤 방식으로 수행하기로 했는지를 기록해두지 않으면, 말은 결국 공중으로 흩어진다. 일의 구체성이 사라지고, 약속은 증거 없는 기억 싸움이 된다.

회의 끝의 한 마디, 재앙이 되다

한 번은 실제로 한 기업에서 마케팅 캠페인을 준비하던 중, '다음 달에는 SNS 홍보에 집중하자'는 말이 회의 끝에 가볍게 오갔다. 이 말이 문제였다. 누군가는 이를 '다음 달부터 SNS에 광고를 시작하라'는 의미로 받아들였고, 누군가는 '현재 기획 중인 다른 프로젝트가 끝난 후로 미루자'는 의미로 해석했다. 결국 SNS 콘텐츠는 기획조차 되지 않았고, 캠페인은 일주일을 통째로 날려버렸다. 책임자는 말한다. '분명 회의 때 다들 고개 끄덕였는데요.' 하지만 그 끄덕임의 의미조차 서로 다르게 기억하고 있었다.

3줄 정리의 위력

이런 일을 방지하기 위해선 간단한 '확인 정리'만 있어도 된다. 회의나 대화가 끝난 직후, '오늘 논의된 내용을 정리해 드릴게요'라고 말하며 3줄 요약을 메시지로 보내는 것이다. 'SNS 캠페인 - 6월 1주차부터 기획 시작 / 김○○ 담당 / 주제 : 여름 할인 기획안 중심' 정도만 기록해도, 누구도 빠져나갈 수 없다. 어떤 일이, 언제, 누가, 어떤 방식으로 진행되기로 했는지를 한 줄로 정리하면 말의 애매함은 사라진다. 이건 상대방에게 책임을 떠넘기려는 태도가 아니라, 오히려 신뢰를 주는 태도다. 말로만 약속한 것을 글로 다시 정리해주는 사람은 협업자에게 안정감을 준다. '이 사람과 일하면 덜 혼란스럽겠다'는 인상을 준다. 그렇게 쌓인 신뢰는 결국 당신이 기억되는 방식이 된다.

일 잘하는 사람은 다시 묻는다

일 못하는 사람은 자신이 들은 걸 다 기억한다고 믿고, 일 잘하는 사람은 중요한 말일수록 다시 묻고 요약해보려 한다. '이렇게 이해했는데 맞나요?'라는 확인 질문은 곧 능력의 시작이다. 기억은 사람마다 달라질 수 있지만, 기록은 누구에게나 같기 때문이다. 게다가 기록은 재활용이 가능하다. 비슷한 업무가 반복될 때, 과거 메모는 현재의 기준이 된다. 말은 사라지지만 기록은 남는다. 기록은 회의의 연장선이고, 신뢰의 토대이며, 업무를 명확하게 구분 짓는 가장 쉬운 도구다.

말보다는 기록이 더 오래 간다

결국 실무에서 말을 잘하는 사람보다 중요한 건, '잘 정리해서 남기는 사람'이다. 목소리가 크거나 말재주가 없어도 괜찮다. 말한 것을 정확히 남길 줄 안다면, 오히려 과묵한 사람도 일 잘하는 사람으로 인식될 수 있다. 그 사람 덕분에 다른 사람들이 덜 혼란스럽기 때문이다. 그리고 정리의 습관은 연습을 통해 얼마든지 키울 수 있다. 처음에는 간단한 메모로 시작하되, 점점 흐름을 요약하는 문장을 덧붙이고, 나중에는 회의의 구조를 잡는 수준까지 가면 된다. 누가 어떤 말을 했고, 무엇을 하기로 했으며, 누가 언제까지 무엇을 제출해야 하는지를 정리하는 것만으로도 팀의 커뮤니케이션 질은 현격히 달라진다.

손으로 남긴 약속이 신뢰를 만든다

　말은 공기 속에 흩어지지만, 기록은 화면 속에 남는다. 말보다 오래가는 신뢰는 기록에서 시작된다. 약속은 입으로 하지 말고 손으로 하자. 그것이 당신을 기억하게 만드는 가장 간단한 방법이다. '말로만 전달된 정보'는 시간이 흐를수록 흐릿해지지만, '기록된 정보'는 쌓일수록 명확해진다. 회의록, 요약 정리, 확인 메시지 한 줄이 당신의 실무 역량을 증명해주는 무형의 도구가 된다. 일을 잘하고 싶은가? 그렇다면 말하지 말고 정리하자. 업무의 본질은 결국 '기억을 공유하는 방식'에 달려 있기 때문이다.

03
상사가 좋아하는 회의 정리 요약은 따로 있다

한 회의에 참석한 6명이 있었다. 팀장은 프로젝트 방향성을 공유했고, 디자이너는 디자인 진행 상황을, 마케터는 타깃 설정을, 기획자는 일정 변경을 언급했다. 회의가 끝나고 막내 직원인 지훈은 자신이 맡은 회의 요약본을 사내 메신저에 공유했다. 메모는 길지 않았다. 회의 시간과 참석자, 말한 내용을 정리한 수준이었고, 누가 어떤 말을 했는지도 잘 적혀 있었다. 그런데 돌아온 상사의 반응은 단호했다. '이걸 왜 지금 보내? 결론이 없잖아. 이거 다시 정리해.' 지훈은 당황했다. '이건 그냥 내가 들은 걸 정리한 건데… 뭐가 빠졌다는 걸까?' 처음 회의 정리를 맡은 그는, 중요한 것을 '기록'하는 것과 '요약'하는 것이 다르다는 사실을 아직 체감하지 못하고 있었다.

상사가 진짜 원하는 건 요약이 아니라 '판단의 재료'

회의록은 단순히 회의 내용을 다시 풀어쓰는 문서가 아니다. 그건 회의 '기록'에 가깝고, 상사가 원하는 건 그 기록 속에서 '결론'과 '행동'만 뽑아낸 '요약'이다. 예를 들어 디자이너가 '3가지 시안을 준비했고 반응이 제각각이어서 결정이 어려워요'라고 말했을 때, 회의록에는 '디자이너, 시안 3종 검토 중, 최종 결정은 마케팅팀이 7/15까지 의견 주기로 함'이라고 써야 한다. 이처럼 회의록은 정보를 저장하기 위한 목적보다는, 이후 업무를 실행하고 피드백을 주기 위한 자료로 활용된다. 특히 상사에게는 회의 전체 내용을 일일이 다시 확인하는 데 시간을 쓰기보다, 중요한 결정이 무엇이었는지만 빠르게 파악하는 것이 훨씬 중요하다. 그래서 회의 요약은 말의 흐름을 따라가듯 풀어 쓰기보다, '무엇을, 누가, 언제까지'라는 세 가지 핵심을 기준으로 정리해야 한다.

회의록에 자주 빠지는 3가지

첫째, 담당자 명시 누락. 예를 들어 '이벤트 기획을 하기로 했다'는 문장은 누구의 책임인지 모호하다. '이벤트 기획은 마케팅팀 A가 7/14까지 안으로 방향안 제출'이라고 적으면 책임 소재가 분명하다.

둘째, 기한 미정. '논의 후 결정 예정'이라는 표현은 일의 진척을 방해한다. 기한을 못 박기 어렵더라도, '7월 셋째 주 회의에서 재논의'처럼 예상 시점이라도 기재해야 일정을 가늠할 수 있다.

셋째, 결정 배경 생략. '무엇을 하기로 했다'는 결과만 있고, '왜 그렇게 하기로 했는가'가 빠진 회의록은 다음 업무에 설득력을 잃는다. 결과가 바뀔 수 있기 때문에, 결정 배경도 최소한의 맥락으로 남겨두는 게 좋다.

'누가 봐도 한눈에' 보이는 구조가 중요하다

회의 요약은 가독성 싸움이다. 그래서 표나 항목 정리가 필요하다. 가장 간단한 구성은 다음과 같다.

① 회의 일시 / 참석자 / 안건
② 주요 논의 사항(한 줄로 요약)
③ 결정 사항(무엇을, 누가, 언제까지)
④ 추가 요청 또는 확인 필요 사항

예를 들어 이렇게 정리해보자.

회의 요약(7월 5일 브랜드팀 주간회의)
- 참석자 : A, B, C, D
- 안건 : 신규 브랜드 페이지 기획안 검토

주요 논의 요약
- 디자인 시안은 3가지 중 B안으로 잠정 결정
- 콘텐츠 기획안은 외주 작가와 추가 논의 필요

결정 사항

- B안 디자인 확정 → 디자이너 A가 7/10까지 수정안 제출
- 콘텐츠 방향 회의 진행 → 7/9 오전 10시 예정(장소 : 회의실 B)
- 외주 작가 미팅 일정 조율 → 마케팅팀 D가 7/6까지 연락

확인 필요

- 영상 콘텐츠 여부는 예산안 검토 후 차주 결정 예정

이런 식으로 요약하면, 상사는 한 페이지 내에서 논의 흐름과 다음 액션을 바로 파악할 수 있다. 더불어 다른 팀원들도 필요한 내용을 빠르게 복기할 수 있어 '공유' 측면에서도 훨씬 유리하다.

기록보다 요약이 일머리를 만든다

기획팀의 주희는 처음엔 회의록을 쓸 때, 자신이 회의 중 적어둔 메모를 거의 그대로 옮기는 방식으로 정리했다. 상사나 팀원들이 별 반응이 없자, 어느 날 '이걸 누가 제대로 보고 있긴 한 걸까?'라는 의문이 들었다. 이후 요약 방식을 바꿨다. 말 흐름 중심의 회의록이 아니라, 꼭 필요한 정보만 추린 '결론 중심 요약'으로 구성한 것이다. 그리고 회의 후 공유 채널에 '● 이번 회의 요약 : 주요 결정사항 3줄 + 실행일정'이라는 말머리를 붙였다. 놀랍게도 상사는 '이번 요약 깔끔하다. 보고하기 좋네'라는 피드백을 처음으로 남겼다. 팀원들의 리액션도 달라졌다. 이후 회의록이 아니라 '결정 사항 요약본'이 그 팀의

공유 기준이 되었다. 주희는 단순히 회의 내용을 잘 들었기 때문이 아니라, 회의에서 '결정되는 것'에 집중하고 '실행에 필요한 정보'를 전달했기 때문에 업무 신뢰를 얻게 된 셈이다.

회의록을 정리하는 일, 그 자체가 업무력이 된다

초보자일수록 회의록을 요약하며 업무 구조를 익힐 수 있다. 처음엔 누가 어떤 말을 했는지를 정리하는 데 집중할 수밖에 없지만, 시간이 지날수록 어떤 말이 '결정'을 이끄는지, 어떤 정보가 '실행'을 가능하게 하는지를 감각적으로 파악하게 된다. 결국 회의 정리는 단순한 기록의 문제가 아니라, 판단과 실행을 준비하는 태도의 문제다. 상사가 원하는 건 멋진 문장이 아니라, 바로 다음 행동을 위한 '정보의 지도'다. 초보자일수록 그 지도를 만들면서 일머리를 키워갈 수 있다는 점을 기억하자.

04
'이거 지난주에도 한 건데…' 같은 실수 반복 피하기

아침에 출근해 자리에 앉자마자 상사가 조용히 말을 건넨다. '이거 지난주에도 한 건데, 또 똑같이 들어갔네?' 익숙한 말투지만 묘하게 기분이 찜찜해진다. 머릿속을 급히 되짚어보며 '지난주에 이걸 했었나?'라고 생각하지만, 기억은 흐릿하고 당시 파일을 열어보기도 전부터 자신감이 사라진다. 결국 지난번 실수를 반복했고, 말없이 한숨을 쉰다. 일이 어려운 게 아니라, 기억을 못 한 자신이 답답하게 느껴진다. 이상하게도 이 장면은 단 한 번이 아니라 자주 반복된다. 문서 양식, 파일 제출 기한, 메일 제목 같은 사소한 것들부터 '이미 처리한 문제를 다시 제기한다'는 말까지. 정작 해결해야 할 일은 따로 있는데, 머릿속은 계속 지난 실수에 붙잡히고, 감정은 움츠러든다.

실수는 기억력 문제가 아니라 구조 문제다

이런 실수는 흔히 '기억력'이나 '성실성' 문제로 오해되기 쉽지만,

사실은 단순한 구조의 문제일 때가 많다. 자주 반복하는 보고 업무나 고객 응대에서 실수나 피드백이 있었던 항목을 적어두는 간단한 정리만으로도, 같은 실수를 피하는 데 큰 도움이 된다. 그런데 대부분의 사람은 '이건 다음엔 기억하겠지'라는 막연한 확신만 남긴 채 다음 업무로 넘어간다. 그리고 일주일 후, 똑같은 회의에서, 똑같은 피드백을 듣는다. 이렇듯 반복되는 실수는 기억의 한계를 탓하기보다는 '업무 복기'라는 작은 루틴의 부재에서 비롯되는 경우가 많다.

단 두 줄의 메모가 만든 변화

실제로 한 콘텐츠 기획자는 매주 만드는 뉴스레터에서 자주 같은 오탈자와 구성을 반복하다가, 한 번은 상사에게 '지난달에도 같은 내용으로 지적했어요'라는 피드백을 듣고 큰 충격을 받는다. 그는 이후 매 회차마다 '지난 이슈 요약'이라는 항목을 추가해, 지난 회차에서 수정한 표현이나 피드백을 메모하기 시작했다. '그거, 전에도 있었잖아'라는 말이 들리지 않도록 '이번에는 뭐가 달라졌는가'를 스스로 확인하게 된 것이다. 그 결과, 단 2주 만에 실수의 빈도는 확연히 줄었고, 이후 팀원들에게도 이 방식이 공유되며 전반적인 품질 관리가 이뤄지기 시작했다. 중요한 건 엄청난 시간 투자나 도구의 변화가 아니라, 단 두 줄의 메모였던 셈이다.

복기의 힘, 정리보다 더 중요한 일

'반복 업무'에서 실수를 줄이려면, 기록은 '정리용'이 아니라 '업무 복기용'으로 써야 한다. 복기는 단순히 반성하는 게 아니라, 업무의 흐름을 다시 보고, 어디서 막혔는지, 무엇을 고쳤는지, 어떤 말이 나왔는지를 짧게 메모해두는 과정이다. 이를테면 고객 대응을 끝낸 뒤 '질문이 길면 답변을 요약해 먼저 제시해야 한다' 같은 짧은 교훈을 남겨두거나, 보고서를 작성한 뒤 '이 표현은 오해 소지가 있다며 수정 요청이 들어왔음' 같은 피드백을 남기는 식이다. 이런 메모는 처음엔 귀찮게 느껴질 수 있지만, 3회차, 4회차 업무에서 그 진가가 드러난다. '지난번에 뭐라고 했더라' 하며 파일을 뒤적이기보다는 메모 한 줄로 기억을 빠르게 되살릴 수 있기 때문이다.

체크리스트, 단순하지만 강력한 무기

또 하나의 실수 방지 포인트는 '작업 체크리스트'를 만들어두는 것이다. 예를 들어 일정한 주기로 반복되는 리포트 작성 업무가 있다면, '① 최근 데이터 반영했는가 ② 단위 표기 확인 ③ 이전 피드백 반영 여부 확인 ④ PDF 변환 시 폰트 깨짐 체크' 같은 체크리스트를 남겨두는 것만으로도 업무 품질이 눈에 띄게 올라간다. 특히 '기계적으로 하는 업무'일수록 체크리스트는 실수 방지에 결정적 역할을 한다. 이미 익숙하다고 생각하는 일일수록 실수는 자주 일어나기 때문이다. 무심코 지나치던 단계를 한 번 더 점검하게 되는 이 작은 구조는 '실수 예방'의 가장 현실적인 무기다.

반복은 훈련이지만, 동시에 위험 요소다

중요한 건 반복 업무를 단순하게만 여기지 않는 자세다. 반복은 훈련이기도 하지만, 방심의 온상일 수 있다. 자주 하는 일일수록 '정리'가 아니라 '되짚기'가 필요하다. 그리고 이 되짚기는 길게 쓸 필요도 없다. '고객은 데이터를 한눈에 보길 원함', '상사는 제목보다 부제에 민감함', '회의 중 이런 표현은 피하자' 같은 문장 하나가 다음 실수를 막고, 나중에 팀원에게도 유용한 지침이 된다. 정리란 지금의 나를 위해 쓰는 것이지만, 복기는 미래의 나를 위한 선물이라는 감각을 익혀야 한다.

팀이 함께 진화하려면

이런 감각은 혼자 있을 때보다 팀에 있을 때 더욱 중요해진다. 나만의 실수가 아니라, 팀 전체에 영향을 줄 수 있기 때문이다. 회의록을 공유하는 문화, 피드백을 정리해두는 문서, 반복 업무에 대한 공용 체크리스트는 팀 전체의 실수율을 줄이고, '왜 자꾸 이 문제가 반복되지?'라는 피로도를 줄여준다. 반복은 개선의 출발점이다. 계속 겪는 문제를 그냥 넘기지 않고, 가볍게라도 메모하고 공유하는 루틴이 있다면, 팀 전체가 조금씩 진화해가는 구조가 만들어진다.

기억이 아닌 기록으로 일하는 습관

마지막으로, 반복 실수에서 벗어나기 위한 핵심은 '기억에 의존하지 않기'다. 사람의 기억은 언제나 모호하고, 감정에 따라 왜곡되기 쉽다. 그래서 기록은 감정을 정리하는 수단이자, 다음을 위한 설계다. 두세 줄의 메모, 하나의 체크리스트, 짧은 후기가 쌓이면, 같은 업무가 반복될수록 점점 더 나은 결과가 나올 수 있다. 실수는 줄고, 시간은 절약되고, 결국 '일을 잘한다'는 인상까지 따라붙는다. 반복은 반드시 성장을 동반해야 한다. 그러기 위해 필요한 건 거창한 시스템이 아니라, 지금 눈앞의 작은 실수 하나를 놓치지 않는 태도다.

05
누가 무슨 일을 하고 있는지 모르는 팀의 문제

회사 생활을 하다 보면 꼭 듣게 되는 말이 있다. '그거 누가 하기로 했지?' '이거 혹시 너 담당 아니었어?' 이 말이 나오면 묘한 정적이 흐르고, 팀원들 사이엔 애매한 시선이 오간다. 누군가는 맡았다고 생각했고, 다른 누군가는 공중에 떠 있다고 여겼다. 그리고 그 누구도 확실히 손들지 않으면, 결국 마감 직전에 허둥지둥 처리하게 된다. 이런 일이 반복되면 팀 전체의 신뢰도가 떨어지고, 책임을 두고 내적인 갈등이 쌓이기 시작한다. '일이 안 되는 팀'의 공통적인 특징이 바로 여기에 있다.

문제는 책임감이 아니라 '정리되지 않은 구조'

이런 문제의 본질은 책임감 부족이 아니다. 정리가 안 된 구조가 문제다. 많은 팀이 업무를 나눌 때 단순히 구두로, '이번엔 A가 해줘'라고 말하고 끝낸다. 말로만 주고받은 업무 분담은 시간이 지나면 흐릿해지고, 기록이 남지 않기 때문에 나중엔 누가 뭘 맡았는지 다르게 기억되거나 완전히 잊힌다. 특히 여러 업무가 병행되는 상황에서는 '그거 내가 하기로 했던가?' 싶은 일이 생기기 쉽다. 예를 들어 회의 전날이 되어서야 '자료 조사 누가 하지 않았어?'라는 말이 나오고, 그제야 모두가 공백을 인식한다. 누군가는 맡았다고 생각했지만 확인할 기록이 없고, 그래서 아무도 책임지기 애매해지는 상황이 생긴다.

해결책은 '업무 가시화'와 '지속적 공유'

이 문제를 해결하려면 팀 내 업무 흐름을 '보이게' 만들어야 한다. 즉, 누가 어떤 일을 맡았는지를 눈에 보이게 정리하고, 그 정보를 팀 전체가 볼 수 있도록 공유해야 한다. 가장 기본적인 방법은 '업무 리스트' 문서를 만드는 것이다. 구글 스프레드시트, 노션 등 협업 도구를 활용해 업무 항목별로 담당자, 마감일, 진행 상태(진행 중, 완료, 대기 등)를 명시하는 방식이다. 이 문서는 단순히 저장하는 용도가 아니라, 팀 전체가 실시간으로 참고할 수 있는 '업무 대시보드'여야 한다.

디자인 팀의 주간 브리핑표

한 디자인 팀은 매주 월요일 아침마다 '이번 주 업무 브리핑표'를 팀원들에게 메일로 공유한다. 각자 맡은 클라이언트별 프로젝트와 업무를 정리한 표를 공유하고, 그 밑에는 '협조 필요' 항목에 다른 팀원의 이름을 넣는다. 이 구조를 통해 누구의 업무가 누구와 연결되어 있는지를 한눈에 확인할 수 있고, 실수가 줄어들며 커뮤니케이션도 원활해진다. 또 마감일이 함께 보이기 때문에 팀장도 각 업무의 진행 상황을 파악하기 쉬워진다. 중요한 건 이 문서가 매주 갱신된다는 점이다. 한 번 만들고 방치하면 금세 정보가 낡고 신뢰도가 떨어지므로, 지속적인 업데이트가 핵심이다.

투명한 책임 분담은 팀 문화를 바꾼다

이런 시스템은 팀 분위기에도 긍정적인 영향을 준다. 담당 업무가 명확하면 팀원들은 자신의 업무에 더 주도적으로 임하게 되고, 반대로 타인의 일에 불필요하게 개입하거나 중복 작업을 하는 일이 줄어든다. 신입사원이 새로 들어오거나 팀 구성이 바뀌었을 때도, 이 리스트 하나만 보면 현재 진행 중인 모든 일의 흐름을 파악할 수 있다. 실제로 몇몇 팀은 이를 '업무 지도', '팀 보드' 같은 이름으로 부르며 팀 내에 정착시켰다. 정리된 문서 하나로 혼란을 줄이고, 팀 전체의 커뮤니케이션 효율을 높일 수 있는 것이다.

정리의 핵심은 '빠르게 파악할 수 있는 구조'

정리라고 하면 보통 보기 좋은 문서나 멋진 템플릿을 떠올리기 쉽지만, 진짜 정리는 '누가, 언제, 무엇을, 어떻게' 하고 있는지를 빠르게 알 수 있도록 만드는 구조다. 문서를 꾸미는 것이 목적이 아니라, 일을 놓치지 않고 흐름을 이해하는 것이 핵심이다. 팀 내에서 정리가 잘된다는 건 결국 '책임 소재가 애매하지 않다'는 것이고, 이는 곧 신뢰로 이어진다.

시스템 부재가 혼란을 낳는다

결국, '누가 무슨 일을 하고 있는지 모른다'는 문제는 단순한 소통의 문제가 아니라 시스템의 부재에서 비롯된다. 그 시스템은 화려할 필요도, 복잡할 필요도 없다. 단지 팀의 흐름을 눈에 보이게 정리해 두고, 모두가 확인할 수 있도록 공유하는 도구 하나면 충분하다. 그리고 그 도구를 꾸준히 사용하면, 점점 팀 전체의 업무가 정리되기 시작한다.

머릿속이 아닌 문서 위에 일의 흐름을 올려라

오늘 하루가 끝나기 전, 팀의 업무가 머릿속이 아닌 문서 위에 놓여 있는지 점검해보자. 그리고 그 문서를 팀원 누구나 확인할 수 있는 상태인지도 함께 체크해보자. 이 작은 변화가 반복되면, 팀은 더욱 신뢰받는 구조를 갖추게 되고, 일은 훨씬 명확해진다. 팀의 혼란은 시스템으로 막을 수 있다. 그리고 그 시스템의 출발은 아주 단순한 정리와 공유에서 시작된다.

06
협업 툴을 쓰지만
공유가 안 되는 진짜 이유

'슬랙도 쓰고, 노션도 쓰고, 구글 드라이브도 다 활용하고 있는데 왜 팀 안에서 여전히 공유가 안 되는 걸까?' 협업 툴을 열심히 도입한 팀일수록 이런 고민을 자주 하게 된다. 자료는 올렸는데 아무도 안 보고, 회의록은 남겼는데 누구도 기억하지 못하고, 파일은 공유했는데 또 '링크가 없어요'라는 말이 나온다. 이쯤 되면 진짜 문제는 '툴'이 아니라 '툴을 쓰는 방식'이라는 생각이 든다.

겉보기엔 디지털, 실제론 각자도생

어느 마케팅 팀에서도 그런 일이 있었다. 슬랙과 노션을 모두 쓰고 있었지만, 프로젝트가 늦어진 이유를 되짚어 보니 '그 자료 노션에 있었어요?' '슬랙엔 못 본 것 같은데요?'라는 말이 반복됐다. 누군가는 분명 자료를 올렸고, 회의록도 남겼지만, 그 위치와 구조를 다른 팀원은 몰랐다. 메시지는 채팅창 속에 묻히고, 노션의 내용은 업데이트되지 않거나 제각각인 방식으로 흘러갔다. 결국 툴은 있었지만 '공유'는 없는 상태였다.

협업 툴은 '어떻게' 쓰느냐가 핵심이다

협업 툴의 도입 자체가 중요한 게 아니다. 엑셀로도 엉망인 보고서를 만들 수 있듯, 아무리 좋은 툴을 써도 제대로 쓰지 않으면 소용없다. 구글 드라이브에 파일을 아무리 많이 올려도 못 찾으면 없는 거나 마찬가지다. 협업 툴이 진짜 협업을 가능케 하려면, '공유'라는 개념을 다시 정의할 필요가 있다.

공유는 '보기'가 아니라 '이해하고 활용하는 것'

진짜 공유란 단순히 누군가에게 보여주는 게 아니다. 공유는 팀원이 같은 내용을 같은 기준으로 이해하고, 그 내용을 업무에 활용할 수 있도록 만드는 일이다. 회의록을 올리는 것으로 끝나지 않는다. 회의 결과에서 누가 무엇을 맡았는지, 다음 단계는 무엇인지가 정리되어 있어야 한다. 구글 드라이브에 올린 자료도 단순한 업로드가 아니라, 그 파일이 어디에 필요한 자료인지 맥락이 보여야 한다. 폴더 구조와 파일 이름만으로도 용도와 연관성을 파악할 수 있어야 진짜 공유다.

회의록이 아닌 '작동하는 정리'

한 팀에서는 노션에 매주 회의록을 올렸지만, 초반엔 그냥 텍스트만 가득했다. 시간이 지나자 누가 어떤 업무를 맡았는지 다시 물어보는 일이 잦아졌고, 회의 내용이 팀 전체의 흐름에 반영되지 않았다. 이 문제를 해결하기 위해 팀장은 회의록 템플릿을 만들었다. '참석자 / 주요 내용 요약 / 결정사항 / 담당자 및 일정'으로 구성된 이 양식은, 단순한 회의 기록이 아니라 업무 지시서로 활용될 수 있었다. 그 결과 회의록 하나만 봐도 현재 프로젝트의 진행 상태를 빠르게 파악할 수 있었다.

'나만 아는 정리'가 아닌 '모두가 이해하는 기록'

협업 툴에서 가장 흔히 일어나는 오류는 '기록하는 사람의 시선'으로만 정보를 남긴다는 점이다. 예를 들어 '최신 자료 정리'라는 이름으로 문서를 올리면, 본인은 기억하지만 다른 팀원은 무슨 내용인지 알 수 없다. 따라서 파일명에는 날짜, 버전, 용도 등을 명확히 써야 한다. '2025_기획안_V3_최종.pptx'처럼 체계적으로 관리하면, 검색과 재활용이 쉬워지고 업무 흐름도 명확해진다.

자료 전달에서 실전 활용까지 연결하라

잘 되는 팀일수록 공유를 하나의 흐름으로 만든다. 예를 들어 고객 미팅 후 회의록을 단순히 드라이브에 올리는 게 아니라, 슬랙에 요약을 올리고 링크를 걸어 함께 전달한다. 이처럼 정보가 '요약 → 맥락 설명 → 문서 링크'로 이어지면, 단순한 자료도 실시간 업무에 바로 반영된다. 자료는 그냥 전달되는 게 아니라 '실행 가능한 상태'로 공유되어야 한다.

실시간이 아니어도 괜찮다, 중요한 건 리듬

현실적으로 실시간 공유가 어려울 수 있다. 그래서 어떤 팀은 하루에 한 번, 혹은 주 1회씩 '업무 브리핑 노트'를 정리해서 공유한다. 이 브리핑은 노션이나 구글 문서로 작성해 팀원 모두가 접근 가능하게 만들고, 메신저 알림을 통해 정해진 시간에 확인하도록 루틴화한다. 이 과정을 통해 정보의 흐름을 놓치지 않고, 반복적인 소통 비용을 줄일 수 있다.

도구보다 중요한 건 '공통의 정리 습관'

협업 툴은 잘만 쓰면 강력한 무기다. 하지만 무기란 올바르게 휘두를 줄 알아야 쓸모가 있다. 슬랙이든 노션이든 단순히 자료를 보관하는 창고가 아니라 '일하는 방식'의 일부로 작동해야 한다. 협업이란 결국 팀 전체가 일정한 기준과 습관을 공유하는 것이고, 그것이 조직의 속도와 정확도를 결정짓는다.

공유의 시작은 작은 질문 하나

결국 협업 툴을 쓴다는 건, 팀 전체가 '같은 방식으로 일하자'는 약속을 공유하는 일이다. 각자 다르게 기록하고, 다르게 정리한다면 협업 툴은 오히려 혼란의 원인이 된다. 하지만 모두가 일정한 룰을 따른다면, 그 툴은 팀의 생산성을 높이는 결정적인 열쇠가 된다. 그 시작은 아주 작은 질문이다.

'이 자료를 나 아닌 누가 봐도 이해할 수 있을까?'

그 질문에서 공유의 기술은 시작되고, 협업 툴은 비로소 팀의 언어가 된다.

07
자료는 많은데
쓸 수가 없는 보고서의 함정

누군가는 꼼꼼하게 리서치한 자료를 정리해서 보고서로 제출했지만, 정작 회의 시간에 그 문서는 단 한 줄도 인용되지 않는다. 상사는 눈길도 주지 않고 '요약은 어디 있어?', '이건 누구 입장에서 쓴 거야?'라는 말만 툭 던지고 넘어간다. 자료는 많고 정성도 들어갔는데, 왜 아무도 이 보고서를 쓰지 않을까? 이런 상황은 많은 초보 실무자가 겪는 현실적인 문제다. 보고서가 쓰이지 않는 이유는 자료가 부족해서가 아니라, 그 자료가 '어떤 맥락에서 어떻게 쓰일 수 있는지'가 담겨 있지 않기 때문이다. 요약하자면 정보는 많은데, 그 정보가 전달되지 않고, 판단에도 도움을 주지 못하는 상태가 되는 것이다.

기획보다 '정리'가 부족한 보고서의 공통점

보고서가 활용되지 않는 가장 큰 이유는 자료가 많을수록 오히려 핵심이 가려지기 때문이다. 예를 들어, 경쟁사 마케팅 사례를 조사하라는 지시를 받고 총 15페이지 분량의 사례를 정리했는데, 단 한 줄로 요약할 수 있는 메시지가 없다면 그건 단순한 '자료 모음집'일 뿐이다. 실무에서는 이런 문서를 보며 '그래서 우리한텐 뭘 하자는 건데?'라는 질문이 자연스럽게 따라온다. 보고서란 결론을 위한 도구이지, 정보를 전시하는 공간이 아니다. 특히 보고서를 읽는 사람은 대부분 바쁘다. 그래서 필요한 건 '모아서 정리한 내용'이 아니라 '보고 끝내는 방향성'이다. 요점만 잡아서 정리해도 쓰이는 문서가 되지만, 자료가 많다는 이유만으로 가치를 착각하면 오히려 쓸모없는 일이 될 수 있다.

자료는 많았지만, 정리가 안 되어 버려진 사례

한 신입 직원은 팀장의 요청으로 2주 동안 '시장 동향 분석' 보고서를 준비했다. 각종 통계자료, 인터뷰 인용, 뉴스 기사 등 다방면에서 자료를 모아 20페이지 분량의 리포트를 완성했다. 하지만 보고서가 제출된 후 팀장은 단 두 장만 읽고 파일을 닫으며 이렇게 말했다. '자료는 참 많은데, 이걸 왜 봐야 하는지 모르겠어.' 신입은 당황했다. 자료가 부족했던 것도 아니고, 조사 과정에서 적잖은 시간과 노력을 들였기 때문이다. 문제는 '왜 이 보고서를 쓰는지'에 대한 방향과 의도가 없었기 때문이다. 만약 시작 단계에서 '시장 동향 중 어떤 포인트를 잡고 싶은지', '이 내용이 어떤 의사결정을 도울 것인지'를 먼저 잡았다면, 같은 자료라도 훨씬 더 압축적이고 실용적인 보고서가 되었을 것이다.

자료보다 더 중요한 '활용의 시선'

문서를 만들 땐 반드시 이 질문을 해봐야 한다. '이걸 누가 언제, 왜 읽을까?' 보고서는 혼자 보기 위한 것이 아니라 '공유되고 판단되기 위해' 작성되는 것이다. 따라서 보는 사람의 입장에서 구성되어야 한다. 예컨대 내부 보고서라면 간결한 요약과 결론, 외부 전달용이라면 신뢰를 줄 수 있는 근거와 그래픽 표현이 중요하다. 회의용 자료라면 발표자가 쉽게 말로 풀 수 있게 흐름이 짜여 있어야 하고, 업무 인수인계용이라면 배경과 맥락을 중점적으로 담아야 한다. 자료 자체보다 그것이 쓰일 '맥락'을 이해하고 구성하는 일이 훨씬 더 중요하다. 실무에서 좋은 문서는 방대한 분량이 아니라, 맥락을 이해하고 그것을 정리하는 힘에서 나온다.

정보의 양이 아니라 구조가 중요하다

쓸 수 없는 보고서는 정보를 나열하기만 했다는 공통점이 있다. 실용적인 보고서는 항상 구조화되어 있다. 예를 들어, 문제점 → 원인 → 해결 방향의 논리 흐름이나, 사례 → 분석 → 결론의 순서가 명확해야 한다. 똑같은 자료를 가지고도 A의 보고서는 바로 행동으로 이어지고, B의 보고서는 참고만 하게 되는 이유는 그 안에 정리 구조가 담겨 있는지 여부 때문이다. 단지 줄글로 쭉 써 내려간 문장은 읽는 사람에게 부담만 주며, 자료가 흘러간다. 반면 요점 정리와 목차, 인용 정리, 표 정리 등 시각적인 구조가 잡힌 문서는 읽는 이가 정보를 따라가고 판단을 내리기 쉽다.

'쓸 수 있는' 보고서를 만드는 습관

좋은 보고서는 처음부터 모든 걸 잘 쓰려는 것보다, 끝날 때 '요점만 남는다'는 기준으로 작성하는 것이 중요하다. 정리력이 없는 문서는 아무리 많은 정보를 담아도 '잡다한 이야기'로 흐르기 마련이다. 반대로 메시지가 분명한 문서는 세 문장만으로도 회의 방향을 바꾼다. 실무에선 보고서를 쓸 때마다 '지금 이 문서를 왜 만들고 있나', '이걸 통해 누가 어떤 결정을 할 수 있을까'를 자문하는 습관이 중요하다. 특히 팀 내 공유용이라면, 공유 받는 사람이 이 문서를 열었을 때 '바로 필요한 것'을 찾을 수 있도록 요약과 시각 구성이 필요하다.

결론은 간단하다 : 구조가 핵심이다

쓸 수 없는 보고서는 정보가 적어서가 아니라, 방향성과 구조가 없기 때문에 생긴다. 초보일수록 '자료를 모으는 일'에 집중하기 쉽지만, 실무는 오히려 '자료를 어떻게 구조화하고 요점화하느냐'에 따라 효율이 갈린다. 회의나 보고가 끝나고도 '뭐가 핵심이었지?'라는 말이 나온다면, 그 문서는 실패한 셈이다. 이제부터라도 문서를 작성할 때는 핵심 메시지 하나, 목적 한 줄을 먼저 적어보는 습관부터 시작해보자. 많은 자료보다 강한 결론이 더 멀리 간다.

08
할 일을 정리했는데
자꾸 놓치는 이유

많은 사람들이 업무 중 할 일을 잊지 않기 위해 '할 일 리스트'를 작성한다. 노트에 적든, 메모 앱을 쓰든, 칠판에 붙이든 형태는 다양하지만, 대부분 이런 생각으로 시작한다. '일단 적어두면 잊지 않겠지.' 하지만 현실은 다르다. 리스트에는 분명히 적혀 있었는데도 마감일을 넘기고, 중요한 작업을 놓치고, 결국 상사에게 '그건 아직 안 했습니다'라고 말하게 되는 경우가 종종 있다. 이럴 땐 당황스러움과 함께 자괴감도 밀려온다. 내가 게으른 걸까, 아니면 뭔가 다른 문제가 있는 걸까? 실제로 많은 초보 직장인들이 '정리'는 열심히 하는데, '실행'으로 연결되지 않는 문제를 겪는다. 이는 단순한 주의력 부족의 문제가 아니다. 문제는 '정리 방식'에 있다. 할 일은 적었지만, 그 일이 언제, 어떻게, 어떤 우선순위로 처리되어야 하는지까지는 정리되지 않았기 때문이다.

정리는 했지만 실행은 빠진 리스트의 한계

예를 들어보자. 어떤 직원이 아침에 '오늘 할 일'이라는 제목 아래 7개의 업무를 쭉 적었다고 가정하자. 그중에는 '회의 준비', '메일 확인', '자료 작성', '파일 정리' 등이 있다. 얼핏 보면 준비가 잘 된 것처럼 보이지만, 막상 시간이 지나면 '자료 작성'을 빠뜨리고 퇴근 직전에 허겁지겁 시작하거나, 회의 시간이 겹치는 일을 동시에 배치해 놓아 결국 일정을 조정해야 하는 일이 생긴다. 이는 리스트가 '기억 보조 도구'로만 사용됐기 때문이다. 할 일 정리는 단순히 적어두는 것이 아니라, 그것이 '실제로 언제, 어떤 흐름으로, 어떤 방식으로' 실행될 수 있도록 설계되어야 한다. 그렇지 않으면 리스트는 금세 '무용지물'이 된다.

실행 가능한 리스트로 만드는 법

리스트를 단순히 적는 데서 멈추지 않고, 다음 세 가지 요소를 포함해봐야 한다.

1. 시간 블록을 연결한다 : 단순한 항목 나열이 아니라, 각 업무를 언제 시작할지 구체적으로 정한다. 예를 들어 '10시~11시 자료 조사', '14시~15시 회의 정리'처럼 시간표로 매핑한다.
2. 우선순위를 표시한다 : 일이 많아도 모든 일을 같은 무게로 보면 선택 장애가 온다. 가장 중요한 일 옆에는 ★ 또는 숫자(1순위, 2순위)를 붙여 시각적으로 강조한다. 이 단순한 표시만으로

도 '무엇부터 할까'에 대한 결정 피로를 줄일 수 있다.
3. 실행 완료 조건을 붙인다 : '보고서 작성' 대신 '보고서 1차 초안 완성'처럼, 실제로 완료 여부를 판단할 수 있는 구체적인 단위를 설정한다.

놓치지 않기 위한 루틴의 힘

정리된 리스트도 시간이 지나면 망각의 영역으로 밀려날 수 있다. 그래서 중요한 건 정리 후 점검 루틴이다. 하루의 시작과 끝에 5분씩 시간을 들여 '오늘 할 일'과 '오늘 한 일'을 점검하는 습관을 만들면, 할 일을 놓치는 확률이 급격히 줄어든다. 예를 들어 매일 아침에는 전날 미처 끝내지 못한 일이 무엇인지 먼저 체크하고, 그걸 오늘 일정에 다시 반영하는 방식이다. 그리고 퇴근 전엔 '내일 할 일' 리스트를 간단히 준비해놓는 것으로 하루를 마무리하면, 다음 날 아침의 업무 몰입도가 훨씬 높아진다. 중요한 건 복잡한 계획이 아니라 '매일 반복되는 짧은 점검'이다.

매일이 정리된 마케터의 30분 루틴

한 스타트업의 마케팅 담당자는 하루에 해야 할 일이 워낙 많아 '매번 뭔가 빠트리는 기분'에 시달렸다. 초반에는 노션에 항목을 쭉 적었지만, 끝내지 못한 일들이 계속 쌓이고, 중요한 미팅 시간도 놓치는 경우가 많았다. 이 직원은 리스트를 시간표 형태로 바꾸고, 중요도 순으로 정렬한 후, 완료 여부를 색으로 표시하는 방식으로 전환

했다. 특히 매일 아침 '30분 루틴'을 만들어 전날 정리 + 오늘 계획 + 우선순위 체크를 반복했다. 그 결과, 정리는 줄었지만 실행력은 오히려 높아졌고, 상사와의 커뮤니케이션에서도 혼란이 줄었다고 한다.

할 일의 끝은 체크가 아니라 연결이다

할 일을 잘 정리해두고도 자주 놓치는 이유는, 정리 자체가 목적이 되어버리기 때문이다. 정리는 행동을 위한 출발점이지, 완료된 일이 아니다. 리스트의 진짜 역할은 체크를 위한 목록이 아니라, 일의 흐름을 끊기지 않고 이어주는 지도가 되어야 한다.

이를 위해선 아래의 팁을 실천해보자.
- 하루에 세 번 리스트를 확인하자 : 오전, 점심 후, 퇴근 전.
- '오늘 안에 꼭 끝내야 할 일'과 '이번 주 안에만 하면 되는 일'을 구분하자.
- 리스트에 감정을 담자. '회의 준비'보다는 '재밌게 발표할 회의 슬라이드 만들기'처럼 감정이 동하는 표현은 실행을 자극한다.
- 절대 놓치면 안 되는 일은 캘린더와 알림 기능을 연동하자. 정리 앱만 믿지 말고, 리마인드까지 고려해야 한다.

정리의 기술은 흐름의 기술이다

할 일을 정리하는 데도 요령이 있다. 단순히 나열한 리스트는 종종 무시되거나 놓치기 쉽다. 반면, 우선순위가 잡혀 있고, 실행 시간까지 연결된 리스트는 일을 흐트러짐 없이 이어준다. 초보 실무자라면 특히 이런 '흐름 중심 정리법'을 익히는 것이 중요하다. 업무에서 실수가 반복되는 이유는 능력 부족보다 '흐름을 놓치는 방식'에 있다. 이제부터 할 일 정리를 할 땐, 적는 것보다 '흘러가게 만드는 것'에 집중해보자. 일은 결국 잘 정리된 흐름 속에서 가장 효율적으로 완성된다.

⑨

빠뜨린 한 문장이
계약서 전체를 망친 사연

어느 날, 한 스타트업에서 클라이언트와 진행 중이던 협업 계약이 위기를 맞는다. 서비스 운영 중 문제가 생겼는데, 그와 관련된 책임 주체를 정한 조항이 빠져 있었던 것이다. 이 계약을 썼던 실무자는 단순 실수로 조항을 생략했다고 했고, 상대방은 '계약서에 없는 내용을 나중에 주장하지 마세요'라고 단호하게 말한다. 결국, 문제 해결을 위해 자사에서 손해를 떠안게 되었고, 상사에게는 '왜 이런 기본이 빠졌냐'는 질책을 받는다. 실무자는 이렇게 말한다. '평소에 하던 방식대로 했는데, 왜 이번에만 이런 일이 벌어진 거죠?' 이 사례는 단순한 실수가 얼마나 큰 리스크를 불러오는지를 보여준다.

계약서는 정성보다 구조다

많은 초보 실무자들이 계약서나 제안서 같은 문서를 작성할 때, 내용에 집중하느라 '구조'의 중요성을 놓치는 경우가 많다. 문장을 다듬고 말투를 고치는 데는 시간을 들이지만, 정작 '빠진 건 없는지'는 마지막에 잠깐 훑어볼 뿐이다. 하지만 계약서에서 가장 무서운 실수는 '빠진 내용'이다. 말은 나중에 해명할 수 있지만, 문서는 남는다. 특히 계약서는 법적 책임이 걸려 있는 문서이기 때문에, 빠뜨린 한 문장이 수천만 원의 손해로 연결될 수 있다. 때문에 계약서 작성은 잘 쓰는 것보다 '잘 빠뜨리지 않는 것'이 훨씬 중요하다.

실무에서 자주 빠지는 계약 조항들

현장에서 자주 누락되는 조항들은 대개 반복적으로 등장한다. 예를 들어 '분쟁 발생 시 책임 소재', '서비스 장애 시 보상 범위', '계약 해지 시 절차', '지적재산권 귀속' 같은 부분이다. 초안 단계에서는 내용 흐름에 집중하다 보니, 이런 '기본 항목'을 간과하는 경우가 많다. 특히 다른 계약서를 참고하면서 작성할 경우, 기존에 들어 있던 중요한 조항을 무심코 삭제하거나 수정하면서 문제의 씨앗이 생긴다. 나중에 실무자는 '이런 내용은 당연한 거 아니었나요?'라고 생각하지만, 계약서 세계에서는 '당연한 건 없다'는 것을 깨닫게 된다.

모든 계약서는 체크리스트로 시작해야 한다

이 문제를 해결하기 위한 가장 좋은 방법은, 항목 중심의 검토 방식을 도입하는 것이다. 즉, 어떤 계약이든 작성 전에 '반드시 들어가야 할 조항 리스트'를 만들고, 이 리스트를 기반으로 하나하나 체크해가며 작성하는 습관을 들이는 것이다. 예를 들어, 한 IT 회사는 기본 계약서 항목을 아래처럼 정리해놓고 있다.

1. 계약 목적 및 범위
2. 일정 및 납기
3. 대금 및 지급 방식
4. 지연 시 패널티 조항
5. 보안 및 비밀유지
6. 저작권 및 결과물 귀속
7. 계약 해지 조건
8. 분쟁 해결 방식
9. 기타 사항

이 리스트를 기준으로 계약서를 작성하거나 검토할 때마다 '체크박스'를 활용하여 누락 여부를 명확히 확인한다. 특히, 내용을 수정할 때도 이 리스트를 다시 점검하면서 변경이 조항에 영향을 주는지를 판단한다.

교차 검토는 필수다

한 사람만의 눈으로 문서를 보면 실수가 반복된다. 그래서 실무에서는 교차 검토, 즉 2인 이상의 확인이 필수다. 자신이 쓴 문서는 너무 익숙해서 실수가 보이지 않기 때문이다. 팀장이나 동료가 검토해 주지 못하는 상황이라면, 최소한 하루 뒤 다시 보는 '시간 간격 리뷰'

를 활용하자. 작성 직후에는 흐름만 보이지만, 시간이 지나면 세부가 다시 보인다. 더 좋은 방식은 서로의 계약서를 바꿔 리뷰해주는 제도화된 리뷰 루틴을 만드는 것이다. 특히 신입이 많은 조직일수록 '계약서 초안 리뷰 전담자'를 두고, 사전 확인 절차를 정형화하면 리스크가 크게 줄어든다.

문장은 언제든 수정할 수 있지만, 구조는 반드시 챙겨야 한다

보고서나 계약서를 작성할 때, 우리는 종종 '말투'나 '표현'에 집착하곤 한다. 하지만 말투는 바꾸면 되지만, 누락된 항목은 나중에 복구할 수 없다. 더군다나 계약은 쌍방 간의 합의이기 때문에, 누락된 조항을 나중에 추가하거나 해석으로 덧붙이기 어렵다. 그래서 문장을 다듬기 전에, 문서 전체의 구조가 갖춰졌는지부터 체크해야 한다. 가장 중요한 것은 '이 계약서를 보고, 양측이 같은 그림을 그릴 수 있는가?'이다. 한쪽만 알고 있는 암묵적인 내용은 계약서에선 아무 소용 없다.

초보 실무자를 위한 팁

1. 템플릿을 만들자 : 자주 쓰는 계약서 양식을 기준으로 항목별 템플릿을 만들어 놓으면 실수가 줄어든다.
2. 공통 체크리스트를 갖추자 : 팀 차원에서 필수 항목 리스트를 공유하고, 작성 시마다 체크하는 루틴을 만들자.
3. 간단한 요약 페이지 추가 : 계약서 첫 페이지나 별첨으로 간단

히 핵심 조항 요약표를 추가하면 검토가 쉬워진다.
4. 리스크 포인트를 색깔로 표시 : 특히 중요한 조항이나 변경된 부분은 색상이나 강조 표시를 해서 검토 누락을 방지하자.
5. 법무팀과 친해지기 : 계약서 초안은 실무자가 쓰더라도, 마지막 검토는 반드시 법무팀이나 경험자에게 맡기자.

실수는 반복되지 않아야 한다

계약서에서 한 번의 실수는 있을 수 있지만, 그 실수가 반복되면 그것은 시스템의 문제가 된다. 특히 빠진 조항은 회사의 신뢰를 무너뜨리고, 팀의 책임으로 돌아오게 된다. 그래서 계약서란 문서는 단순히 문장을 잘 쓰는 능력이 아니라, 누락 없는 구조화 능력이 핵심이다. 오늘부터는 문서 초안을 쓸 때 먼저 '전체 항목 리스트'를 그리고, 각 항목을 채우는 방식으로 접근해보자. 단 한 문장이 전체 결과를 바꾸는 일이 없도록 말이다.

10

회의 후 아무도
실행하지 않는 회의록

회사에서 매주 회의는 반복된다. 팀별 주간회의, 프로젝트 정기 회의, 간단한 이슈 공유까지, 회의는 많다. 하지만 회의가 끝나고 며칠이 지나 보면 '그 얘기 그때 하지 않았나?', '회의록 어디에 있지?', '그거 누가 하기로 했더라?' 같은 말들이 오가며, 정작 회의에서 나온 결정은 흐지부지된다. 이럴 때 많은 초보자들은 '분명히 회의록은 썼는데 왜 아무도 안 보지?'라고 생각한다. 하지만 문제는 회의록이 아니라 '실행되지 않는 회의' 자체에 있다. 회의는 결정의 순간이 아니라 실행의 출발점이다. 회의록도 마찬가지다. 요약이 없거나, 담당자 없이 쌓아두기만 한 회의록은 아무 의미가 없다.

형식은 있는데, 내용이 없다

실제로 많은 회의록은 말 그대로 '회의 내용을 받아 적은' 문서에 불과하다. 예를 들어 'A안과 B안 논의, 의견 엇갈림', '다음주까지 안

건 재검토' 등으로 적혀 있지만, 누가 무엇을 어떻게 하기로 했는지는 보이지 않는다. 그래서 회의록을 공유받은 사람도 '이걸 읽고 뭘 해야 하지?'라는 의문을 갖게 된다. 회의록의 핵심은 대화를 요약하는 데 있지 않다. 실행할 수 있는 정보, 즉 결정사항과 담당자, 일정이 담겨 있어야 한다. 그렇지 않으면 회의록은 그냥 '그날 무슨 얘기 했는지 적어둔 기록' 그 이상도 이하도 아니다.

실행이 되는 회의록은 다르다

잘 만들어진 회의록은 단순히 '무슨 얘기를 했는지'보다 '무엇을 하기로 했는지'를 정리한다. 예를 들어 아래와 같은 방식이다.

- 결정사항 : 다음 광고 시안은 A 방향으로 진행
- 담당자 : 디자인팀 김○○
- 마감일 : 7월 12일(금)까지
- 비고 : 카피 문안은 마케팅팀 협조 필요

이런 식의 회의록은 보자마자 행동이 떠오른다. 회의에 참석하지 않았던 사람도 이 문서를 보면 업무의 흐름을 따라잡을 수 있고, 담당자는 자신이 어떤 역할을 맡았는지 명확하게 인지한다. 무엇보다 다음 회의 때 이 리스트를 기준으로 '지난 회의에서 정한 이슈가 어떻게 처리되었는가'를 점검할 수 있어 회의 간의 연속성도 확보된다.

실행력 있는 회의록을 만드는 3가지 요소

1. 요약은 반드시 위에 쓴다

    회의록은 '회의 전체를 처음부터 끝까지 다 읽고 나서야 결론을 알 수 있는' 형식이면 안 된다. 회의가 끝나자마자 10분 내에 핵심 요약을 3~5줄로 적는 습관을 들이자. 특히 바쁜 상사나 프로젝트 참여자가 많을 경우, 요약만 봐도 회의 내용을 파악할 수 있어야 한다.

2. 담당자와 마감일은 반드시 붙는다

    회의에서 어떤 안건이 결정되었다면, 그에 따라 '누가', '언제까지' 할지가 반드시 따라붙어야 한다. 그리고 그것은 기록으로 남아야 한다. '디자인팀이 한다고 했잖아요'가 아니라 '디자인팀 김○○, 7/12 마감'처럼 명확히 써야 책임과 일정이 뚜렷해진다.

3. 공유는 메신저나 메일로 알림까지

    회의록을 아무리 잘 써도 공유하지 않으면 아무 소용이 없다. 작성 후에는 슬랙이나 이메일, 혹은 업무 협업 툴에 알림을 함께 보내자. '회의록은 이 링크에 정리했습니다. 다음주까지 확인해 주세요'라는 한 줄이 실행력을 만든다.

왜 회의록을 써야 하는가? '기록'은 곧 '의사결정의 증거'다

종종 '그거 그렇게 얘기한 거 아니었는데요?', '그때 그런 결정을 했다고요?'라는 논쟁이 생길 때가 있다. 대부분의 갈등은 기억과 해석의 차이에서 시작된다. 그럴 때 필요한 것이 '문서로 남긴 회의록'이다. 회의에서 어떤 논의가 있었고, 어떤 결정이 내려졌으며, 누구에게 어떤 일이 맡겨졌는지를 기록으로 남기면, 이후 분쟁이 생기더라도 증거로 삼을 수 있다. 이는 단지 책임 소재를 따지기 위한 게 아니라, 팀의 신뢰를 지키기 위한 최소한의 장치이기도 하다.

회의록을 '누가 쓸지'가 아니라 '어떻게 쓸지'가 중요하다

보통 회의록을 누가 쓸지 정하는 데 많은 시간이 소모된다. 하지만 회의록은 누가 쓰느냐보다 '어떻게 쓰느냐'가 훨씬 중요하다. 어느 한 명이 모든 내용을 빠짐없이 정리하려 애쓰는 것보다, 템플릿을 정해두고 주요 담당자가 자신의 파트만 업데이트하도록 하면 부담이 줄고, 오히려 정확도는 높아진다. 예를 들어 구글 문서에 '회의 안건별로 담당자별 기록란'을 미리 만들어두면 각자 실시간으로 채워넣는 방식도 가능하다.

'쓸데없는 회의'가 되는 걸 막는 최후의 방어선

많은 회사에서 회의는 자주 하지만, 그 중 절반은 쓸데없는 회의로 평가받는다. 이유는 간단하다. 회의가 끝났는데도 아무것도 남지 않기 때문이다. 회의록을 쓰고, 공유하고, 실행으로 연결하는 이 작은 루틴 하나가 회의의 질을 완전히 바꾼다. 더 이상 '그 얘기 또 나왔어'라는 말을 듣지 않기 위해서라도, 회의록은 회의의 '끝'이 아니라, '다음 행동의 시작'으로 생각해야 한다.

오늘 회의가 정말 의미 있으려면?

회의가 끝난 뒤, 지금 이 문장을 떠올려보자. '이 회의로 누가, 무엇을, 언제까지 하기로 했는가?' 그리고 그 답이 회의록에 명확히 쓰여 있다면, 그 회의는 성공이다. 반대로, 아무도 그 답을 하지 못한다면, 그건 시간 낭비였을 가능성이 크다. 회의는 기록으로 남을 때 비로소 실체를 갖는다. 회의록을 쓰는 습관, 공유하는 루틴, 실행으로 연결하는 구조가 팀의 생산성을 끌어올리는 첫걸음이 된다.

11

자료는 있는데
흐름이 안 보일 때

직장에서 자료는 늘 넘쳐난다. 리서치 파일, 회의록, 프로젝트 계획서, 고객 미팅 노트, 시장 조사 보고서까지. 그런데 이 많은 자료들을 읽고도 '그래서 무슨 얘기지?', '앞뒤가 안 이어지는데?'라는 말이 나오는 경우가 흔하다. 이유는 간단하다. 자료는 있지만 흐름이 보이지 않기 때문이다. 예를 들어, 프로젝트 회의에서 고객 요구사항, 일정, 제약 조건 등을 모두 다뤘는데도 이후 팀원들은 각기 다른 해석을 하고 움직인다. 정보는 있었지만, 정보 간의 연결고리, 즉 맥락이 정리되지 않았기 때문이다. 이런 상태에서는 아무리 많은 자료가 있어도 실행력은 떨어지고, 시간은 두 배로 들게 된다.

자료는 나열이 아니라 흐름을 만들어야 한다

자료를 모은다고 해서 좋은 보고서가 되는 건 아니다. 중요한 건 정보가 '하나의 이야기'처럼 이어지도록 구성하는 것이다. 이를 '자료의 흐름'이라 부른다. 예를 들어, 경쟁사 분석 보고서라면 먼저 시장 배경 → 주요 경쟁사 소개 → 각 사의 전략 비교 → 우리가 얻을 수 있는 시사점이라는 흐름이 있어야 한다. 그냥 데이터만 던져놓는 건 정보 전달이 아니라 단순 저장이다. 실무에서는 누군가 그 문서를 읽었을 때 '다음 단계가 뭐지?'라는 질문에 자연스럽게 답할 수 있어야 한다. 그래서 흐름은 문서의 '골격'이고, 그 골격이 없으면 아무리 고급 정보라도 효과는 없다.

보고서 구조 짜는 방법 : 앞서 생각하고, 나중에 정리하자

초보자들이 흔히 저지르는 실수는 자료부터 무작정 모은다는 점이다. 그러다 보면 내용은 풍부해지지만, 전달하고자 하는 핵심이 모호해진다. 이를 피하려면 다음과 같은 순서로 접근해야 한다.

1. 핵심 질문 설정 : '이 자료로 무엇을 설명하려는가?'
2. 흐름 도식화 : '처음 → 중간 → 결론'의 논리 흐름을 도식으로 그려보기
3. 목차 구성 : 각 흐름마다 소주제를 잡고, 그 안에 담을 내용을 대략적으로 적어봄
4. 내용 채우기 : 구성안이 확정되면 각 항목에 필요한 자료를 넣고 정리
5. 요약 정리 : 문서 앞부분에 요점과 흐름 요약을 1페이지 정도로 구성

이렇게만 해도 보고서는 단순한 정보 나열에서 '읽고 이해되는 흐름'으로 바뀐다.

흐름을 바꿨더니 달라진 보고서

한 IT 스타트업에서 신제품 출시 전 고객 반응 분석 보고서를 만들 때, 초안은 단순 설문 결과 나열이 전부였다. 그런데 CEO는 '그래서 이게 잘 될 거란 얘기야, 아니란 얘기야?'라는 피드백만 남기고 자리를 떴다. 이후 담당자는 보고서 흐름을 바꿨다. 첫 장에 '이번 제품에 대한 고객 기대와 우려'라는 제목을 넣고, 그 아래에 설문을 통해 얻은 결론 세 줄을 먼저 제시했다. 그리고 다음 페이지에 '설문 참여자 정보 → 핵심 응답 분석 → 긍정 및 부정 반응 정리 → 향후 방향 제안'의 흐름을 넣었더니 회의 분위기가 확 달라졌다. 모두가 처음부터 끝까지 문서를 따라가며 논의할 수 있었고, 실행 결정도 바로 내려졌다.

읽는 사람 중심의 흐름 만들기

자료 정리는 작성자의 시선이 아니라 읽는 사람의 동선에 맞춰야 한다. 예를 들어, 회의 자료라면 발표 순서를 따라 흐름을 짜야 한다. 팀장 보고용이면 의사결정을 빠르게 내릴 수 있도록 결론부터 보여주는 방식이 좋다. 또 마케팅 자료라면 고객 페르소나 → 메시지 → 전략 → 실행 방안 같은 '전형적인 논리 흐름'이 잡혀야 한다. 중요한 건 자료를 따라가면 자연스럽게 생각이 정리되도록 만들어야 한다는 점이다. 마치 지도를 보듯, 처음부터 끝까지 어디로 가는지 알 수 있어야 한다.

시각적 흐름도 중요하다

흐름을 잘 보여주는 또 하나의 방법은 시각적 구성이다. 보고서에 도표, 인포그래픽, 흐름도 등을 넣으면 한눈에 파악이 쉬워진다. 예를 들어, 프로젝트 일정표를 말로 설명하는 대신, 간트 차트를 넣으면 직관적으로 이해할 수 있다. '이런 자료는 어디에 쓰이고 어떤 역할을 하나요?'라는 표나 다이어그램 하나만 있어도 읽는 사람은 전체 흐름을 빠르게 감지할 수 있다. 실무에서는 이런 시각적 장치가 정보 전달의 속도를 결정짓는다.

작은 흐름도 놓치지 않는 습관 만들기

대화 기록, 회의 메모, 업무 계획서 등 모든 자료에서 흐름을 만들어야 한다는 습관이 중요하다. 단순 메모일지라도 '목적 → 배경 → 주요 내용 → 후속 조치' 정도는 틀로 정리하는 연습을 해보자. 그렇게 쌓인 문서들은 결국 팀의 지식 자산이 된다. 처음엔 번거롭더라도, 정리의 기준과 틀을 갖고 자료를 만들면 이후 업무 효율이 급격히 높아진다.

자료의 힘은 연결에 있다

자료가 아무리 많아도 흐름이 없다면, 아무도 사용하지 않는다. 실무에서 중요한 건 정리 능력이다. 특히 정보가 넘쳐나는 시대일수록 정보 간의 관계와 흐름을 잡는 능력이 경쟁력이 된다. 이제부터는 보고서를 쓸 때, 메모를 남길 때, 회의록을 작성할 때도 '이 자료가 어떻게 이어지고, 어떤 흐름으로 이해되어야 하는가'를 항상 먼저 고민하자. 그것이 바로 쓰이는 자료, 움직이는 정보의 시작이다.

12
자료 공유 후
'파일이 안 열려요'의 반복

'팀장님, 저 파일이 안 열리는데요.' '접근 권한이 없다고 떠요.' 이런 말을 업무 중에 한 번도 안 들어본 사람은 없을 것이다. 특히 원격 근무가 늘고, 다양한 협업 툴을 사용하는 시대가 되면서 이런 '파일 공유 오류'는 업무 흐름을 방해하는 일상적인 문제가 됐다. 자료는 만들어졌고, 링크도 공유했지만 정작 파일이 열리지 않거나, 권한 요청을 또 따로 보내야 하는 불편이 반복된다. 단순한 기술 문제 같지만, 사실은 '정리 습관'이 부족해서 생기는 문제다.

왜 자꾸 공유한 파일이 열리지 않을까?

문제의 근본 원인은 세 가지다. 첫째, 공유 권한 설정 실수다. 구글 드라이브나 노션으로 파일을 보낼 때 작성자는 열 수 있지만, 받는 사람은 접근 권한이 없어 열지 못하는 경우가 흔하다. 둘째, 파일 형식이나 버전 호환 문제다. 예를 들어, 맥 사용자에게 .hwp 파일을 보내면 열 수 없어 난감해진다. 셋째, 저장 위치나 파일명 혼란이다. 사내 드라이브 구조가 복잡하거나, 파일명이 지나치게 추상적이면 받는 사람은 무슨 자료인지 파악조차 어렵다. 결국 자료는 있지만 쓸 수 없는 상태가 되는 셈이다.

공유의 기본은 '받는 사람 입장'에서 출발해야 한다

효과적인 자료 공유는 단순히 '보내는 것'이 아니라 '상대가 문제없이 열 수 있게 만드는 것'이다. 파일을 공유할 땐 최소한 세 가지를 점검해야 한다. 첫째, 권한 확인. 구글 드라이브의 경우 '보기 가능', '편집 가능' 설정 외에도 '링크가 있는 모든 사용자에게 공개' 같은 설정을 통해 열람 문제를 미리 방지할 수 있다. 둘째, 파일 형식 정리. 가능한 경우 PDF나 이미지처럼 범용적인 파일 형식으로 저장하고, HWP나 특정 프로그램 전용 문서는 부득이한 경우 외엔 피하는 것이 좋다. 셋째, 명확한 파일명과 안내 문구. '최종자료_업데이트.pdf' 대신 '2025_캠페인기획안_최종V3.pdf'처럼 명확하게 써야 하고, 메시지에 '이 문서는 ~자료입니다. 열람 가능 여부를 꼭 확인해주세요' 같은 간단한 안내도 포함시키는 것이 좋다.

반복된 공유 오류가 낳은 업무 지연

한 스타트업에서 매주 진행되는 온라인 회의 자료를 노션에 올려 공유했지만, 구성원 중 절반은 회의 전까지 내용을 확인하지 못했다. 이유는 간단했다. 링크는 공유됐지만, 일부는 비공개 설정이었고, 모바일로 열면 인터페이스가 달라 제대로 보이지 않았다. 결국 회의 시작 후에도 자료를 찾느라 시간을 허비했고, '왜 공유 안 됐냐'는 말이 오갔다. 이후 이 팀은 회의 전날 오후 5시에 PDF 버전 자료를 메일과 슬랙으로 함께 보내기로 규칙을 정했고, 공유용 문서에는 '읽기 전용' 표시와 파일 용도 안내를 추가했다. 그 결과, 자료 누락과 혼선은 거의 사라졌다.

파일을 정리하는 사람만 알아서는 안 된다

또 하나 중요한 건 공유 기준의 통일성이다. A는 슬랙에 파일을, B는 구글 드라이브에, C는 노션에 올리면 아무리 좋은 자료도 사라지기 쉽다. 팀 내에서 '이런 자료는 어디에 올린다'는 공유 규칙이 필요하다. 예를 들어, 프로젝트 기획안은 구글 드라이브, 회의록은 노션, 실시간 피드백은 슬랙으로 통일하고, 각 플랫폼에 폴더 구조나 태그, 날짜 정리 기준을 맞춰야 자료를 정리한 사람이 바뀌어도 흐름이 끊기지 않는다. 특히 퇴사자나 신규 입사자가 생겼을 때 이런 정리 기준은 업무 연속성을 확보하는 데 핵심이다.

공유 실수를 줄이기 위한 정리 습관 세 가지

1. '내가 받는 입장이라면?'으로 공유 전 점검
    → 링크를 눌러 직접 열어보기, 다른 사람의 접근 권한 시뮬레이션 해보기

2. 파일명에 날짜와 버전, 용도를 포함하기
   → 예 : '2025_마케팅전략_1차안_V2_내부검토.pdf'
3. 같은 형식, 같은 위치, 같은 시각
   → 예 : 매주 월요일 오전 10시, 노션의 'Weekly 자료함'에 등록

자료 공유는 업무 흐름을 만드는 기술이다

자료를 공유한다는 건 단순한 전달을 넘어, 정보를 '사용 가능한 상태'로 만들어주는 과정이다. 열리지 않는 파일, 알 수 없는 제목, 흩어진 위치는 결국 '자료 없음'과 다를 바 없다. 초보자일수록 '자료는 만들었는데 왜 쓰이지 않을까'라는 질문을 하기보다, '누가 어떻게 활용할까'를 상상하면서 공유하는 연습이 필요하다. 그렇게 하면 '파일이 안 열려요'라는 말은 점점 줄고, 자료는 말 그대로 '흐름을 만드는 도구'가 된다.

13

이름 없는 폴더와
중복 파일의 늪

어느 날 갑자기 '최종본.pptx' 파일을 열었는데, 알고 보니 그건 2주 전 버전이고, 진짜 최종은 '최종_진짜_final_v2_수정됨(최종).pptx'라는 웃지 못할 상황. 한두 번 겪으면 실수지만, 반복되면 구조적인 문제다. 특히 팀 안에서 여러 명이 파일을 주고받을 때 이런 일은 더 자주 벌어진다. '새 폴더(1)' 안에 또 다른 '새 폴더(2)'가 생기고, 그 안에 또 유사한 이름의 파일들이 쌓이면서 결국 누가 어떤 걸 썼는지조차 모르게 된다. 이런 상황이 벌어지는 이유는 간단하다. 각자가 '자기 방식대로' 파일을 저장하고 있기 때문이다. 급하게 작업한 파일은 그냥 바탕화면에 올려놓거나, '임시'라는 폴더에 묶어놓는다. 다른 팀원이 그 파일을 받아 수정하면서 새로운 이름을 붙이고, 다시 다른 팀원이 수정본을 만들면서 파일은 복제된다. 어느 순간 팀 드라이브 안에는 똑같이 생긴 파일들이 여섯 개쯤 돌아다니고, 누가 마지막으로 수정했는지 파악하기 힘든 상황이 되어버린다.

정리를 위한 첫걸음은 '이름 짓기'

파일을 잘 쓰기 위해서 가장 먼저 바꿔야 할 습관은 '작명'이다. 파일명을 보면 그 파일의 목적, 날짜, 버전이 명확하게 드러나야 한다. 예를 들어 '2025_신제품기획_V1_초안', '2025_신제품기획_V2_리뷰반영', '2025_신제품기획_V3_최종'처럼 이름만 봐도 어떤 흐름인지 알 수 있게 하면, 누구든 필요한 파일을 정확히 찾을 수 있다. 중요한 건 이 규칙을 '혼자만' 쓰지 않고 팀 전체가 동일하게 적용하는 것이다. 파일 이름을 통일하는 것만으로도 업무 속도가 눈에 띄게 빨라진다. 폴더 역시 마찬가지다. 아무 의미 없는 '새 폴더'는 쓰지 않는다. '2025_상반기자료', '고객사별자료', '계약서_보관함'처럼 폴더명을 보면 어떤 문서를 담고 있는지 알 수 있어야 한다. 폴더 구조는 복잡할 필요 없다. 오히려 너무 많은 하위 폴더는 파일 접근을 더 어렵게 만든다. '연도 〉 프로젝트명 〉 자료 유형' 정도의 3단계 구조만 유지해도 충분하다.

중복 파일은 팀의 기억을 혼란스럽게 만든다

어떤 업무는 오랜 시간에 걸쳐 반복 수정되기 때문에, 같은 파일의 버전이 여러 개 생길 수밖에 없다. 그런데 문제는 이걸 관리하지 않으면 중복된 파일이 혼란을 일으킨다는 점이다. 예를 들어 클라이언트에게 제안서를 보내야 하는데, 내부 회의 때 봤던 버전과 오늘 아침 누가 올린 파일이 다르고, 또 누군가는 '나는 지난주 버전이 더 좋은 것 같다'고 말한다면 어떤 걸 써야 할까? 이럴 때는 반드시 '기준 버전'을 지정해야 한다. 예컨대 '현재 배포 가능한 버전은 이거입니다'라고 명확히 공지하고, 그 외 파일은 '백업' 혹은 '참고용'이라는 이름으로 별도 보관하면 된다. 팀 내 공유 문서에는 링크와 함께 간단한 설명을 붙여 어떤 파일이 현재 기준인지 명확하게 해두면 좋다. 협업 도구(예 : Notion, Google Drive 등)에서 링크형 문서와 메모를 활용하면 버전 혼란을 크게 줄일 수 있다.

정기적으로 '청소하는 습관' 만들기

정리되지 않은 파일은 쌓일수록 문제를 키운다. 처음에는 열 개 정도의 파일이라 구분이 가능했지만, 한 달, 두 달이 지나면 수백 개의 자료가 난립하게 된다. 이때 중요한 건 '주기적인 정리'다. 예를 들어 매주 금요일이나 월 1회, 드라이브 정리 시간을 정해서 불필요한 파일을 삭제하거나, 백업용 폴더로 옮기는 작업을 해보자. 실무에서 가장 비효율적인 시간 중 하나는 '그 파일 어디 있더라?' 하고 찾는 시간이다. 이걸 줄이는 방법은 '버릴 건 버리는 것'이다. 특히 팀 단위로 파일을 관리할 때는 '정리 권한자'를 정해 일정 기간마다 자료 정리를 맡기는 것도 하나의 방법이다. 각자가 각자 폴더 안에서만 움직이면 결국 자료는 쌓이기만 하고 공유되지 않는다. 팀 전체에서 쓰는 폴더는 '누가 정리하고 어떤 기준으로 운영하는가'를 명확히 해야 한다.

작지만 강력한 정리 습관

1. 파일명 규칙 정하기 : 날짜+업무명+버전 형식으로 파일명 작성 (예 : 2025_광고기획안_V1_초안.pptx)
2. 폴더 구조 통일 : 연도 〉 프로젝트명 〉 자료구분의 간단한 폴더 구조 유지
3. 기준 버전 공지 : '이 파일이 최신입니다'라는 기준을 슬랙이나 노션 등으로 팀에 공지
4. 중복 파일 정리 : 비슷한 이름의 파일이 3개 이상일 경우 반드시 하나를 기준으로 정하고 나머지는 별도 보관
5. 정기 정리 루틴 : 금요일마다 '파일 정리 30분' 시간 확보

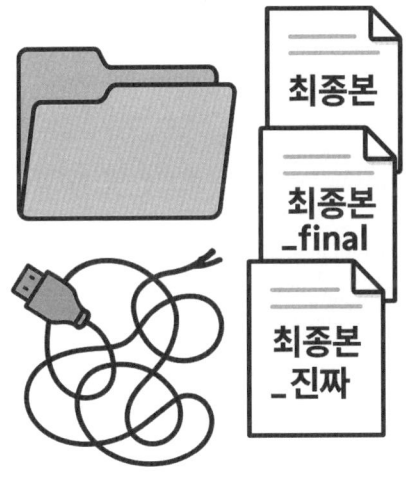

이런 습관들이 쌓이면, 일할 때 파일 찾는 시간은 줄고, 공유의 정확도는 올라간다. 단순히 폴더와 파일을 쌓아두는 게 아니라, '쓸 수

있는 구조'를 만들어가는 것. 결국 정리는 시간을 줄이고, 협업을 매끄럽게 만드는 가장 기본적인 업무 역량이다. 오늘부터라도 '최종_진짜_final' 같은 이름은 밈추고, 누구나 이해할 수 있는 기준을 만들어보자. 작은 정리 습관 하나가 팀 전체의 일머리를 바꾼다.

14
퇴사자 컴퓨터 정리하다 울컥한 실화

많은 직장인들이 겪는 공통된 장면이 있다. '그 파일 어디 있어요?'라는 질문에 퇴사자의 컴퓨터를 열어보면, 바탕화면엔 수십 개의 이름 없는 파일이 흩어져 있고, '새 폴더(5)' 같은 폴더 속에는 중복된 엑셀파일이 끝도 없이 쌓여 있다. 어떤 파일이 최종 버전인지, 어떤 것이 실제로 사용된 자료인지 전혀 알 수 없다. 심지어 퇴사자는 '다 드라이브에 올려놨어요'라고 말하고 떠났지만, 드라이브 안에는 정리되지 않은 PDF, 메모, 캡처 이미지가 가득하다. 남은 팀원은 정리를 하며 허탈함을 느끼고, 때론 울컥하기까지 한다. 분명 함께 일했고, 자료도 공유했는데, 왜 이렇게 남은 흔적은 무질서하기만 할까?

정리되지 않은 자료가 남긴 공백

퇴사자가 떠난 뒤의 가장 큰 문제는 '업무 인수인계가 문서로 남지 않았다는 것'이다. 말로 설명하거나, 그때그때 알려줬던 사항들은 시간이 지나면 사라진다. 그런데 그 대안이 되는 문서나 자료 폴더조차 제 기능을 못 한다면, 실질적인 손실이 발생한다. 특히 프로젝트 파일, 견적 자료, 연락처, 회의록 등은 제대로 정리되어 있지 않으면 다시 만드는 데만 며칠씩 걸리는 일이 허다하다. 어떤 팀은 퇴사자 컴퓨터 정리에만 일주일을 소모하고, 결국 주요 파일은 찾지 못한 채 업무를 다시 시작했다. 이는 단순한 불편이 아니라, 회사 전체의 시간과 비용 낭비다.

'정리된 흔적'이 곧 다음 사람의 업무 출발점이다

좋은 업무 정리는 단순히 '폴더를 깔끔히 정리하는 일'이 아니다. 그것은 '이 다음에 누군가 이 일을 이어받을 수 있도록 연결 지점을 만들어주는 것'이다. 예를 들어, 파일명만 보더라도 어느 프로젝트의 어떤 단계인지 알 수 있고, 폴더 구조를 보면 업무 흐름이 이해되어야 한다. 정리의 핵심은 '읽는 사람 기준에서 설계한다'는 것이다. '나만 아는 정리'는 정리가 아니다. 퇴사 직전, 단지 폴더를 정리한다고 해서 인수인계가 되는 것이 아니다. '어떤 업무를 했고, 어떤 결과를 냈으며, 어떤 점을 유의해야 하는가'에 대한 전반적인 설명이 포함되어야 한다.

인수인계 템플릿이 업무 문화를 바꾼다

한 IT 회사는 퇴사자가 생길 때마다 늘 같은 문제가 반복되자, '업무 종료 템플릿'을 만들어 도입했다. 이 템플릿에는 다음과 같은 항목이 포함되어 있었다. '주요 프로젝트 목록', '필수 참고 자료 링크', '자주 연락하던 외부 연락처', '현재 진행 중인 이슈 요약', '주의사항 및 다음 담당자가 알아야 할 점'. 이 템플릿이 도입되고 나서부터는 퇴사자와의 미팅 시간도 줄고, 다음 담당자가 훨씬 빠르게 업무를 이어받을 수 있게 되었다. 단순한 문서지만, 이 하나가 팀의 기억력을 보완해주는 역할을 한 것이다.

퇴사 전에만 하는 정리는 늦는다 - 평소에 준비하는 것이 핵심

퇴사 전에야 급하게 정리하려니 항상 빠뜨리는 것이 생기고, 퇴사자 입장에서도 번거롭고 귀찮기만 하다. 그래서 정리는 '퇴사 직전'이 아니라 '평소 업무의 일부'로 만드는 게 중요하다. 예를 들어, 프로젝트별 폴더는 팀 공유 드라이브에 만들고, 회의록과 진행상황은 노션이나 구글 문서에 주기적으로 업데이트하는 습관을 들인다. 특히 누군가 대신 업무를 봐야 하는 휴가, 출장, 병가 등 일시적인 공백이 생겼을 때도 쉽게 이어받을 수 있어야 한다. 정리의 습관이란 결국 '업무의 공유 가능성'을 높이는 일이자, 모두가 함께 일하는 환경을 만드는 기본이다.

정리는 기억을 넘는 일이다

퇴사자의 컴퓨터를 보며 당황하거나 허탈해지는 경험은 앞으로도 반복될 수 있다. 하지만 그 경험을 줄이는 방법은 분명히 있다. 정리는 곧 존중이다. 나의 다음을 생각하며, 누군가가 업무를 이어받을 수 있도록 흐름을 남기는 것. 그것이 진짜 정리이고, 회사 전체의 지속 가능성을 높이는 습관이다. 정리는 마지막 날에 몰아서 할 일이 아니라, 매일 조금씩 쌓아두는 배려라는 것을 기억하자.

15
후임에게 인수인계할 게 하나도 없는 경우

많은 직장인들이 퇴사를 결정한 후에야 인수인계의 중요성을 실감한다. 그런데 이미 다음 일에 정신이 팔려 있거나, 남은 시간이 빠듯한 상황에서 그간 해온 일을 체계적으로 정리한다는 건 사실상 불가능에 가깝다. 결국 엑셀 하나, 문서 하나 남기지 못한 채 떠나고, 후임은 맨땅에 헤딩하듯 처음부터 다시 시작하게 된다. '이걸 왜 나한테 물어봐요?'라는 질문은 대부분, 이전 담당자가 아무것도 남기지 않고 떠났을 때 시작된다.

업무는 해왔지만, '기록'은 해놓지 않았다

한 IT 스타트업에서는 고객 대응을 맡은 직원이 퇴사하면서 말로만 몇 마디 전하고 떠났다. 후임자는 동일한 클라이언트에게 같은 질문을 반복해야 했고, 고객 입장에서는 '이 회사는 왜 이렇게 바뀔 때마다 초기화되는지 모르겠다'는 불만을 토로했다. 실제로 퇴사자가 해온 업무가 전혀 문서화되어 있지 않았고, 이메일 템플릿도 남기지 않았으며, 각종 포털 아이디조차 공유되지 않았다. 이처럼 단순한 로그인 정보 하나만 빠져도 실무는 큰 혼선을 겪는다.

후임 입장에서 다시 설계해보자

인수인계는 단순히 '한 번의 전달'이 아니다. 핵심은 후임이 그 내용을 보고 실제로 업무를 이어갈 수 있어야 한다는 것이다. 따라서 단순히 메일 하나 보내는 것으로 끝내지 말고, 다음과 같은 항목을 중심으로 인수인계 문서를 구성할 필요가 있다.

- 업무 흐름 요약 : 전체 업무의 순서를 적는다. 예) 매월 1일 보고서 작성 → 3일 결재 → 5일 외부 전달 등.
- 정기 반복 업무 목록 : 매일, 매주, 매월 반복되는 일들을 일정별로 정리.
- 주요 협업자와 연락처 : 주기적으로 소통하는 사람들, 특히 외부 파트너나 자주 연락하는 부서 정보.
- 업무 노하우와 주의사항 : 실수하기 쉬운 포인트, 특정 상황에서의 대응법 등. 예) '보고서 파일명은 부장님이 날짜 순으로 정리하길 좋아함.'

'나만 아는 정보'를 팀의 자산으로 바꾸는 방법

업무의 대부분은 사실 문서보다는 사람 머릿속에 저장되어 있다.

하지만 그 사람이 떠나면 그 지식도 사라진다. 그래서 중요한 건 '기억'이 아니라 '기록'이다. 예를 들어 클라이언트가 좋아하는 보고서 형식, 내부적으로 쓰는 용어, 시스템 상 버그가 있는 기능 등은 문서에 남아 있지 않으면 다음 사람은 똑같은 시행착오를 반복한다. '지식의 누적'은 정리 습관에서 시작된다. 인수인계를 위한 문서를 미리미리, 평소에 작업하는 방식대로 함께 만들어가야 한다.

매달 한 번, 인수인계 점검 시간을 정해보자

퇴사 직전에 급하게 작성하는 인수인계 문서는 부실할 수밖에 없다. 따라서 팀 내에서 매달 한 번씩 '인수인계 준비 상태'를 점검하는 시간을 갖는 것도 좋은 방법이다. 업무별로 체크리스트를 만들고, 만약 갑작스레 휴가나 이직이 생겼을 때 누가 봐도 당장 업무를 이어받을 수 있도록 미리 정리하는 습관이 필요하다. 이는 개인을 위한 것도 있지만, 결국은 팀의 효율성과 조직의 지속가능성을 위한 투자이기도 하다.

'나만의 업무'가 아니라, '누구나 할 수 있는 일'로 만들자

업무를 나만 할 수 있도록 만드는 것이 능력처럼 보일 수 있지만, 조직 전체 관점에서는 큰 리스크다. 정반대로 '내가 없어도 누구든 할 수 있는 시스템'을 만들어두는 사람이야말로 진짜 실무자다. 문서, 파일, 일정, 연락처, 대응 방식이 모두 구조화되어 있으면, 그 사람은 없어도 업무는 계속 굴러간다. 이게 바로 성숙한 정리 능력이다.

인수인계는 나를 위한 마지막 정리이기도 하다

퇴사자는 떠나면서 '정리'를 한다. 그런데 그 정리는 후임을 위한 것이기도 하지만, 나 자신에게도 정리의 의미가 있다. 내가 어떤 일을 해왔고, 어떤 고민을 했는지를 한 번 돌아볼 기회가 된다. 막상 인수인계 문서를 정리하다 보면 '이 일 참 많이 해왔구나', '이건 다음 사람은 좀 더 쉽게 하게 도와주고 싶다'는 생각이 들기도 한다. 그런 정리의 마음이 모여, 인수인계는 단순한 업무 전달을 넘어서 팀 문화가 되고, 또다른 '일머리'가 된다.

업무는 남기고, 사람은 편히 떠나자

퇴사자에게 가장 좋은 평가는 '업무는 매끄럽게 넘어갔다'는 말일 것이다. 아무것도 남기지 않은 채 떠나면, 사람은 잊혀지고 문제만 남는다. 반면 업무를 꼼꼼히 정리하고 나간 사람은 오히려 더 오래 기억된다. 초보자일수록 지금부터라도 '내가 떠나도 누군가 일을 이어갈 수 있을까'를 기준으로 업무를 정리해보자. 인수인계는 그저 마지막 인사가 아니라, 일하는 사람으로서의 마무리이자 다음을 위한 다리다.

16

고객 질문에 매번
똑같은 답을 다시 쓰는 이유

회사에서 고객 대응을 담당하다 보면 자주 듣는 말이 있다. '이거 예전에 문의 온 거 아닌가요?' 혹은 '지난번에 비슷한 질문이 있었던 것 같은데요.' 하지만 그때마다 우리는 다시 답변을 쓰고, 다시 자료를 찾는다. 이메일이나 채팅으로 답변을 보낸 후 '이번엔 저장해놔야지'라고 다짐하지만, 다음에 또 비슷한 질문이 오면 어디 저장했는지조차 기억나지 않는다. 결국 다시 작성하게 되고, 이런 일이 반복되며 업무 시간은 쌓인다. 왜 우리는 똑같은 말을 반복하고 있는 걸까?

하나하나가 작지만, 합치면 큰 시간 낭비

한 번의 고객 응대는 몇 분이면 끝날 수 있다. 하지만 하루에 5건, 일주일에 25건, 한 달이면 100건이 된다. 이 중 60%가 반복되는 질문이라면, 반복되는 답변만 하루에 몇 시간씩 쓰고 있는 셈이다. 문제는 그 시간이 보이지 않게 누적된다는 것이다. 특히 팀원 간 정보 공유가 제대로 이루어지지 않는 조직일수록 '누가 이거 예전에 답변한 적 없어요?'라는 말이 들려온다. 만약 그때그때 정리해뒀다면, 답변을 '생산'하지 않고 '활용'만 하면 됐을 것이다.

'검색 가능한 기록'을 만들자

해결책은 의외로 간단하다. 우리가 반복적으로 쓰고 있는 답변들을 미리 모아두는 것이다. 자주 묻는 질문(FAQ)과 그에 대한 답변을 정리해두는 것만으로도 효율은 눈에 띄게 올라간다. 예를 들어 '배송은 얼마나 걸리나요?', '계약서 양식 있나요?', '환불 조건은 어떻게 되나요?' 같은 질문은 미리 작성한 문서만 복사해서 붙여 넣기만 하면 된다. 이때 중요한 것은 '검색이 쉬워야 한다'는 점이다. 아무리 잘 정리된 문서라도 찾는 데 시간이 오래 걸리면 결국 다시 쓰게 된다. 키워드 중심의 제목, 명확한 카테고리 분류, 한눈에 보이는 요약은 필수다.

팀 내 표준 답변 템플릿을 만들자

팀원들이 같이 대응하는 경우라면, 답변 스타일을 맞추는 것도 중요하다. 어떤 팀원은 장황하게 설명하고, 어떤 팀원은 핵심만 간단히 쓰기도 한다. 이런 차이가 고객에게 혼란을 줄 수도 있다. 그래서 일정한 형식을 갖춘 '답변 템플릿'을 만들어 두는 것이 좋다. 예를 들어 '문제 상황 요약 → 해결 방안 → 참고 링크' 형식으로 구성해두면, 누구나 이 구조에 맞춰 빠르게 작성하고 전달할 수 있다. 또 같은 내용이라도 이메일, 메신저, 전화 대응 등 채널별로 톤앤매너를 구분해 두면 훨씬 매끄럽게 소통할 수 있다.

지금 만드는 게 나중의 시간을 절약한다

'이걸 정리할 시간이 어디 있어요?'라고 말할 수 있다. 하지만 지금 10분 투자하면 다음에 30분을 아낄 수 있다. 처음에는 적어도 '자주 묻는 10가지 질문'부터 정리해 보자. 그리고 질문이 들어올 때마다 조금씩 추가하고 수정하면 된다. 일정 주기로 이 문서들을 점검하고, 더 이상 쓰이지 않는 답변은 삭제하고 최신 정보를 유지하면 팀 전체의 대응 속도가 달라진다. 특히 고객 서비스, 세일즈, 마케팅, 운영 등 다양한 부서에서 이 자료를 함께 활용하면 중복 업무를 줄이고 일관성도 지킬 수 있다.

한 명의 수고가 모두의 시간을 살린다

결국, 반복되는 질문에 반복되는 답을 다시 쓰는 이유는 정리되지 않았기 때문이다. 한 번의 정리가 많은 사람의 시간을 절약할 수 있다. 특히 한 팀에서 여러 명이 함께 고객을 응대하는 환경이라면, 각자의 경험이 모여 하나의 '지식 자산'이 되는 셈이다. 이 자료들은 나중에 신입 직원의 교육 자료로도 활용할 수 있고, 고객 응대 매뉴얼로 발전시킬 수도 있다. 문서 하나하나가 회사의 실무 역량을 쌓는 기반이 되는 것이다. 그러니 이제부터는 같은 질문을 두 번 쓰기 전에, '이 답변을 다음에도 쓰게 될까?'라고 스스로 물어보자. 그렇다면 그건 지금 정리해둘 가치가 있는 내용이다.

17
메신저로 지시받고 말실수한 사연

회사에서 메신저는 빠르고 유연한 소통을 위한 도구다. 그러나 이 편리함이 때론 큰 오해와 실수로 이어진다. 예를 들어 상사가 메신저로 '그거 이번 주 안에 처리해줘'라고 말하면, '그거'가 어떤 일을 뜻하는지, '이번 주'는 금요일 오전까지인지, 일요일 밤까지인지 정확하지 않다. 특히 초보자는 상사의 말에 '네!' 하고 답은 하지만, 실제로는 그 의도를 정확히 이해하지 못한 채 다른 방향으로 일처리를 해버리는 경우가 많다. 이럴 때 문제가 발생하면 상사는 '그렇게 하라고 한 적 없어'라며 화를 내고, 초보자는 '분명 시키신 대로 한 것 같은데…'라며 억울함을 느낀다.

정리되지 않은 지시는 정리된 실수를 낳는다

한 신입 직원은 상사에게 메신저로 'A건 관련해서 담당자 쪽으로 메일 보내고 상황 공유해'라는 지시를 받았다. 그런데 A건이 동시에 여러 협력사와 진행 중이었고, 신입은 그중 한 업체를 선택해 메일을 보냈다. 하지만 상사가 말한 건 다른 업체였고, 결국 혼선이 생기고 일이 꼬였다. 이 사례의 핵심은 메신저의 말이 명확하지 않았고, 신입 역시 그 내용을 정리하거나 되묻는 절차를 생략했다는 점이다. '지시받았으니 행동해야 한다'는 부담에 쫓겨 바로 움직였지만, 확인하지 않고 움직인 탓에 일을 두 번 하게 된 것이다.

말 대신 '문서'가 필요한 순간

실무에서는 말보다 문서가 책임을 진다. 메신저는 편하게 말하는 공간이지, 업무 내용을 공식화하는 공간이 아니다. 특히 구체적인 일정, 책임 분담, 진행 방식은 문서나 정리된 메모로 확인하고 남겨야 한다. 예를 들어, 지시를 받은 후에는 'A건 관련하여 B협력사에 메일 드리고, 상황 정리해서 금요일 오전까지 공유드리겠습니다. 맞을까요?'처럼 짧게 정리된 문장으로 되묻는 습관이 중요하다. 상대방이 '응, 그거야'라고 답하면 그제야 행동으로 옮기고, 해당 내용을 사내 공유 채널이나 업무 메모장에 기록해두는 것이 좋다.

말의 요점은 기록하고 공유하자

회의록과 달리 메신저 지시는 빠르게 지나간다. 나중에 어떤 업무였는지 찾아보려면 스크롤을 무한히 내려야 하고, 심지어 삭제되면 내용 확인조차 어렵다. 따라서 메신저로 받은 지시 중 중요한 내용은 따로 '업무 정리 노트'에 옮겨 적거나, 협업 툴의 '할 일 목록'에 정리해두자. 이를 통해 말의 흐름이 아닌 '업무의 흐름'으로 관리할 수 있다. 특히 여러 명이 같은 업무를 나눠 진행할 때는 '누가 어떤 역할을 맡았는지'까지 기록해야 나중에 책임 소재가 불분명해지지 않는다. 말은 순간이지만 기록은 지속되기 때문이다.

메신저는 빠르지만 불완전하다

업무가 디지털화되면서 메신저로 모든 걸 처리하는 문화가 자리 잡았다. 하지만 메신저는 속도에 유리할 뿐, 정확성에서는 불완전한 수단이다. 초보일수록 빠르게 반응하고 싶어 하지만, 실수 없이 일하려면 느리더라도 한 번 더 확인하고 정리하는 습관이 필요하다. 지시를 들었을 땐 '이걸 지금 나에게 말한 이유는 뭘까?', '내가 해야 할 일은 구체적으로 무엇인가?'를 떠올리며 메모하고 정리하는 습관을 가져보자. 말로 흘러간 업무는 기억에 의존하지만, 기록된 일은 흐름과 책임을 남긴다. 결국 실수 없는 실무는, '기억'이 아니라 '정리'에서 시작된다.

18

일 잘하는 선배는 왜 항상 '정리 중'일까?

회사에서 일을 시작하자마자 키보드부터 두드리는 사람이 있는가 하면, 책상 앞에 앉아 멍하니 화면만 보고 있는 사람도 있다. 후자의 경우, 얼핏 보면 게으르거나 준비가 안 된 것처럼 보인다. 하지만 유심히 들여다보면 바로 그 '멍한 시간'이 가장 생산적인 시간일 수도 있다. 많은 실무 고수들은 일을 받자마자 시작하지 않는다. 대신 그 일을 어떻게 처리할지, 누구와 협업할지, 중간 점검은 언제 할지, 결과물의 형식은 무엇일지 등을 먼저 생각한다. 이 과정을 한마디로 줄이면 '정리'다. 단순한 정리가 아니라, 업무의 흐름과 구조, 그리고 결과물을 미리 설계하는 것이다.

정리 없이 시작하면 왜 문제가 생길까?

초보자들은 일이 생기면 무조건 먼저 움직이려 한다. 일을 빨리 끝내야 눈치 안 보이고, 바쁘게 움직이면 '열심히 일하는 사람'으로 보이기 때문이다. 하지만 막상 일을 마친 후에는 자주 이런 피드백을 듣는다. '이건 왜 이렇게 했어?', '결과물이 좀 이상한데?'라는 말이다. 왜 이런 일이 생길까? 이유는 단순하다. 방향 없이 시작한 일은 종종 '목적에 도달하지 못한 채 완성'되기 때문이다. 업무란 그저 수치나 문서가 아니라, 누군가가 판단을 내리기 위한 도구다. 그래서 어떤 목적을 위해 무엇을 전달해야 하는지 정리하지 않으면, 아무리 정성을 들여도 헛수고가 되기 쉽다.

정리는 '형식'이 아니라 '방향'이다

일 잘하는 선배들의 정리는 단순한 정리 정돈이 아니다. 그들은 보이지 않게 여러 가지 질문을 머릿속에서 정리하고 있다. '이 업무의 최종 목적은 무엇이지?', '누구에게 보고할 일이야?', '이걸 통해 어떤 결정을 이끌어야 하지?', '얼마나 간단하게 설명할 수 있을까?' 이런 질문에 대한 스스로의 답을 정리한 뒤 업무에 착수한다. 그 결과, 중간에 방향이 흔들리거나 재작업하는 일이 거의 없다. 실무에서는 '처음부터 정리를 잘한 사람'이 마지막에 가장 빠르고 정확하게 끝낸다. 정리란 결국 판단과 행동을 위한 준비 운동이다.

'정리 중'이라는 말의 진짜 의미

어느 선배는 늘 '정리 좀 하고 갈게요'라는 말을 한다. 초보자는 '그냥 시간 끄는 말이겠지'라고 생각하지만, 나중에 보면 그 선배의 결과물은 늘 깔끔하고 정확하다. 회의에서도 메모는 간결하게 요약

되어 있고, 문서는 쓸데없는 말 없이 목적과 결과가 뚜렷하다. 그 선배가 한 정리는 어떤 형태일까? 머릿속으로 일의 전체 그림을 그리며 순서를 정하고, 필요한 자료를 분류하고, 어디서 질문이 생길지를 예상하고, 미리 요약문을 적는 것이다. 이 모든 게 그 선배의 '정리 중'에 포함된다. 단순한 책상 정리가 아니라, 일의 전체 흐름을 조율하는 과정인 셈이다.

초보자도 가능한 '정리 3단계'

1단계는 '생각 정리'다. 어떤 요청이 들어왔을 때 바로 실행하지 말고, 이 업무의 목적이 무엇인지, 전달 대상은 누구인지, 결과물은 어떤 형식으로 만들지 등을 적어본다. 2단계는 '흐름 정리'다. 우선순위를 정하고, 중간 점검 지점, 마감 시점, 참고 자료를 체크하며 업무 흐름을 그려보는 단계다. 마지막 3단계는 '기록 정리'다. 정리한 생각과 흐름을 간단한 텍스트나 표로 정리하고, 관련 파일이나 참고 링크를 폴더에 잘 정돈한다. 이 세 단계를 거치면 실행 속도는 다소 느릴 수 있으나, 결과물의 완성도는 확실히 높아진다.

정리는 '일을 빨리 끝내는 지름길'

처음엔 정리하는 시간이 아깝다고 생각할 수 있다. 당장 손에 잡히는 결과물이 없어 보이기 때문이다. 하지만 일을 여러 번 수정하거나, 같은 질문을 반복하거나, 중간에 방향을 틀게 되는 시간을 생각해보면, 정리는 가장 효율적인 지름길이다. 특히 정리는 '보이는 정리'

보다 '보이지 않는 정리'가 더 중요하다. 메모나 표로 정리해도 좋지만, 머릿속에서 우선순위와 흐름을 설계하는 훈련이 되어 있으면, 어떤 업무도 흔들리지 않고 중심을 잡을 수 있다.

정리의 힘은 쌓인다

정리는 단발적인 테크닉이 아니다. 꾸준히 정리하는 습관을 들이면, 나중에는 업무 요청을 받자마자 '이건 이렇게 해야겠군'이라는 판단이 자동으로 따라온다. 즉, 정리는 실무 판단력을 키워주는 최고의 도구다. 처음에는 시간이 더 걸리고 어색하겠지만, 결국 정리는 나를 '더 정확하고 빠르게 일하는 사람'으로 만들어준다. 오늘부터라도 단 10분만이라도 일을 시작하기 전에 '정리 중'이라는 시간을 가져보자. 그 시간의 깊이가 당신의 실력을 바꿔줄 것이다.

19

협업이 안 되는 팀엔 '기록'이 없다

팀 프로젝트를 진행할 때, 똑같은 자료를 두 명이 따로 만들거나, 누군가 맡기로 했던 일을 아무도 몰라서 빠뜨리는 상황은 생각보다 자주 일어난다. 보고서는 완성됐는데 어떤 과정을 거쳐 나온 결과인지 알 수 없고, 회의 후 누가 무엇을 하기로 했는지도 흐릿하다. 결국 누군가는 다시 정리하고, 다시 전달하고, 다시 논의하게 된다. 그때 흔히 나오는 말은 '지난번에도 이거 했던 것 같은데?', '이거 누가 정리했었지?'이다. 이 모든 혼란의 중심에는 '기록이 없다'는 단순하지만 강력한 문제가 존재한다.

협업을 방해하는 건 '정보의 사라짐'

협업이 잘 되지 않는 팀을 살펴보면, 문제는 능력이나 성의가 아닌 '정보의 흐름'에서 나온다. 아무리 뛰어난 개인들이 있어도 각자의 머릿속에만 정보가 존재한다면, 팀 전체로선 제자리걸음을 하게 된다.

기록되지 않은 말은 곧 사라지며, 공유되지 않은 생각은 업무에 반영되지 않는다. 특히 회의나 브레인스토밍 이후 아무것도 정리되지 않으면, 아이디어는 공중에 떠버리고 누구도 실행하지 않게 된다. 일은 늘어가는데, 일의 흔적이 남지 않으니 서로 신뢰도 낮아지고 책임도 흐려진다.

'기록'은 복잡한 문서가 아니다

많은 사람들이 '기록'이라고 하면 보고서 수준의 문서를 떠올려 부담을 느낀다. 하지만 협업을 위한 기록은 아주 간단해도 된다. 예를 들어, 회의가 끝나고 '오늘 정리 : A는 고객 응대 매뉴얼 작성, B는 다음 주 마케팅 자료 수집' 정도만 남겨도 다음 단계가 명확해진다. 팀의 문서 폴더에 날짜별로 회의 정리 파일이 하나씩만 쌓여도 업무 히스토리를 추적할 수 있고, 퇴사자나 후임에게도 중요한 자료가 된다. 기록은 완벽함보다 '흔적을 남기는 것'이 핵심이다.

기록이 팀 문화를 바꾼다

기록은 단순한 문서 정리를 넘어, 팀의 커뮤니케이션 방식까지 바꾼다. 예를 들어, 매일 아침 슬랙이나 노션에 '오늘 업무 계획'을 올리는 습관만으로도 서로의 업무 흐름을 이해할 수 있다. 회의 때마다 담당자가 간단한 메모를 남기면, 누가 무엇을 맡았는지가 분명해지고 일정 관리도 수월해진다. 누적된 기록은 팀의 자산이 되며, 비슷한 프로젝트를 다시 할 때도 큰 도움이 된다. 중요한 건 매번 누가 따로 정리하지 않아도 '함께 기록을 남기는 문화'를 팀 내에 만드는 것이다.

실무에서 바로 쓰는 기록 습관 팁

1. 회의 후 10분 이내 요약 : 회의 끝나자마자 간단하게 '누가, 무엇을, 언제까지'를 기록해 공유한다.
2. 정기 기록 채널 운영 : 메신저에 '#기록방', '#업무일지' 같은 채널을 만들어 가볍게 메모하듯 남긴다.
3. 누적되는 문서 구조화 : 같은 유형의 업무는 폴더 구조와 문서 제목 형식을 통일해 두면 추적과 검색이 쉬워진다.
4. 비어 있는 문서라도 괜찮다 : 처음부터 완벽한 문서가 아니라, '빈칸이 있는 초안'도 중요한 기록이다.
5. 기록 = 공유 : 혼자 기록만 하고 끝내지 말고, 공유함으로써 기록이 살아 움직이게 만든다.

협업은 기록에서 시작된다

기록하지 않으면 매번 '처음부터 다시' 시작하게 된다. 반면 기록이 남아 있으면 그 자체가 업무 가이드가 되고, 실수를 줄이며 팀 전체의 효율을 높인다. 협업이 잘 되는 팀은 정보가 잘 흐르는 팀이고, 그 흐름의 출발점은 기록이다. 일 잘하는 팀은 기록을 잘 남기고, 그 기록을 모두가 쉽게 꺼내볼 수 있는 구조를 만든다. 협업이 어렵다고 느껴질 땐, 지금까지 어떤 기록이 남아 있는지, 공유는 잘 되고 있는지를 먼저 돌아보자. 그것이 곧 협업의 출발점이다.

20
정리 덕분에 3시간을 벌다
- 실무자의 팁

회사에선 하루 종일 정신없이 바쁘게 일하는데, 막상 하루를 돌아보면 '오늘 내가 한 일 중에 진짜 중요한 게 있었나?'라는 생각이 들 때가 있다. 특히 초보 실무자일수록 매번 새로운 일을 처음부터 다시 처리하고, 어디까지 했는지 헷갈려서 중복 작업을 반복하는 경우가 많다. 그러다 보면 중요하게 처리해야 할 일은 늘 '나중으로' 미뤄지고, 급한 일만 하다가 하루가 끝나버린다. 그런데 이런 상황을 반복하는 사람들 중 일부는 '시간이 부족하다'는 말 대신, '업무가 안 정리돼 있다'는 표현을 쓴다. 핵심은 바로 여기다. 일이 많은 게 아니라, 일이 '정리되지 않은 채 쌓여 있어서' 더 오래 걸리는 것이다.

정리의 기술이 시간을 만든다

한 실무자는 팀에서 유독 처리 속도가 빠른 사람으로 유명했다. 같은 양의 일을 맡아도 항상 여유가 있었고, 오후 4시만 되면 '오늘은

이 정도면 됐네요'라며 자리를 정리하곤 했다. 그의 비결은 '정리'였다. 매일 아침 5분간 오늘 처리할 업무를 시각적으로 정리하고, 자주 반복되는 이메일 응답은 템플릿으로 만들어 두었으며, 파일 구조와 업무 흐름이 정해진 루틴 안에 있었기 때문에 어떤 일이 들어와도 헤매지 않았다. 이런 시스템 하나하나가 쌓여 '작은 시간'을 꾸준히 절약했고, 결국 하루 3시간이 남는 효과를 가져온 것이다. 처음부터 똑똑하게 일했던 게 아니라, 반복되는 실수를 정리로 해결한 결과였다.

시간이 모이는 정리 습관

우선 이 실무자는 업무를 분류하는 기준부터 다르게 가져갔다. 많은 사람들은 업무를 처리 순서나 마감일로만 정리하지만, 그는 '한 번에 몰아서 처리할 수 있는 일'을 먼저 묶었다. 예를 들어, 고객 응대 이메일은 오전 10시에 한 번, 오후 3시에 한 번 처리하는 식으로 배치했고, 반복적인 회신에는 미리 만들어둔 문장들을 복사해서 붙여 넣는 식이었다. 또한 자주 찾는 자료는 폴더에 따라 정리하고, 제목에 날짜와 버전을 명확하게 붙여 혼동을 줄였다. 그는 말한다. '실제로 내가 하는 일의 70%는 반복적이에요. 그걸 매번 새로 시작하니까 시간이 계속 부족한 거죠.'

작은 정리 습관이 쌓여 시간을 바꾼다

정리는 거창하게 시작할 필요가 없다. 먼저 오늘 할 일을 종이든 메모앱이든 한 줄씩 써보자. 단순히 해야 할 일 목록이 아니라, 왜 이 일을 하고 있는지, 언제까지 해야 하는지, 누가 관련자인지까지 같이 적는 습관을 들이면 우선순위가 자연스럽게 잡힌다. 다음은 '파일명'이다. 파일을 저장할 때 '최종', '최종_진짜', '이거_최종' 같은 방식은 아무도 나중에 알아보지 못한다. 날짜, 버전, 주제를 명확하게 붙이는 것만으로도 이후의 혼란을 절반 줄일 수 있다. 마지막으로, 회의록이나 메모는 당일 정리해두는 습관을 갖자. 한 번 미루면 나중에는 무슨 일이 있었는지도 기억이 나지 않는다.

정리는 일이 끝난 후가 아니라, 일의 시작이다

많은 사람들이 일을 '처리하는 것'에만 집중한다. 하지만 실제로는 일이 들어오자마자 어떻게 정리하느냐가 업무 전체의 효율을 좌우한다. 즉, '정리는 일이 끝난 후 하는 것'이라는 생각은 착각이다. 업무를 받는 순간부터, 어떤 흐름으로 어떤 파일에 정리할지 구상하고, 어떤 자료를 활용할 수 있을지 떠올리는 것이야말로 '정리의 시작'이다. 정리하는 시간은 처음엔 더 오래 걸리는 것처럼 느껴질 수 있다. 하지만 하루, 이틀, 일주일이 지나면, 다른 사람보다 같은 업무를 훨씬 빠르게 끝낼 수 있는 구조를 가지게 된다. 시간을 버는 건 특별한 비법이 아니라, 정리를 미루지 않는 습관에서 출발한다.

실무 정리 꿀팁

- 할 일 리스트는 '시간대'별로 나누어 정리하자.

아침에 집중할 일과 오후에 몰아서 할 일을 구분하면 에너지 분배가 쉬워진다.
- 파일은 '업무명_날짜_버전'으로 저장하자.
  예) 상품기획안_2025-07-07_v1.pptx
- 회의 메모는 '3줄 요약 + 할 일 목록'으로 정리하자.
  중요 문장은 강조 표시하고, 담당자까지 적으면 팀과의 협업 효율이 올라간다.
- 반복되는 답변은 템플릿화해서 메모앱에 저장해두자.
  하루에 10분씩 아낄 수 있다.

정리 덕분에, 인생이 여유로워진다

정리는 시간을 단축시키는 기술이자, 나를 덜 피곤하게 해주는 전략이다. 정리하는 실무자는 불안하지 않다. 어디에 뭐가 있는지 알기 때문에 헤매지 않고, 같은 일을 반복하지 않기 때문에 에너지를 아낀다. 처음엔 귀찮고 시간 낭비처럼 느껴지더라도, 그 '정리 10분'이 결국 '남는 3시간'을 만들어준다. 실무에서 정리란 선택이 아니라 생존 전략이며, 실력을 보이지 않아도 신뢰를 얻을 수 있는 조용한 무기다. 지금부터라도 작은 정리 하나부터 시작해보자. 오늘 하루가 훨씬 더 여유로워질 것이다.

정리만 잘해도 일이 줄어든다

01
할 일 리스트는
언제, 어떻게 써야 할까?

회사에 출근해서 자리에 앉자마자 바쁘게 하루가 시작된다. 메신저로 쏟아지는 메시지에 답하고, 갑자기 들어온 긴급 요청에 대응하다 보면, 오늘 하려던 일은 어디론가 밀려난다. 점심시간을 지나도 아직 손대지 못한 주요 업무가 그대로 남아 있고, 퇴근 시간이 다가오면 '아, 이거 깜빡했네'라는 말이 입에서 절로 나온다. 이렇게 정신없이 하루를 보내고도 뭔가 놓친 느낌이 드는 이유는 단순히 일이 많아서가 아니다. 중요한 일과 덜 중요한 일의 구분이 없고, 순서가 엉켜 있고, 무슨 일을 해야 하는지 스스로도 명확하지 않은 채 하루를 시작하기 때문이다. 결국 오늘의 일이 내일로 밀리고, 다음 주가 되면 처음부터 다시 쌓인다. 그래서 가장 단순하지만 가장 강력한 해결책으로 등장하는 것이 바로 '할 일 리스트'다. 그런데 단순히 목록만 적는다고 해서 모든 것이 해결되는 건 아니다. 진짜 중요한 건 '언제, 어떻게' 쓰느냐다.

무작정 적는 리스트는 오히려 역효과

많은 사람들이 할 일 리스트를 메모장에 대충 적고 시작하거나, 회의 중 받은 업무를 그 자리에서 적은 뒤 끝까지 그걸 붙잡고 있는 경우가 많다. 문제는 이 리스트가 시간이 지나면서 계속 길어지고, 오래된 항목들이 갱신되지 않은 채 아래로 밀려난다는 점이다. 처음엔 정리된 것 같지만, 며칠만 지나면 리스트를 보는 것만으로도 스트레스를 느끼게 된다. 심지어는 하루에 도저히 끝낼 수 없는 분량을 적어놓고, 퇴근 전 체크박스를 아무것도 채우지 못한 채 리스트를 닫기도 한다. 왜 이런 일이 반복될까? 리스트가 '일의 목록'으로만 쓰였기 때문이다. 리스트는 단순한 기록이 아니라, 시간을 분배하고 집중할 대상을 선택하기 위한 정리 도구다. 무엇을 먼저 해야 하고, 어떤 일은 내일로 미뤄도 되는지를 가려내야만 비로소 그 리스트가 의미를 가진다.

실패한 리스트가 만든 혼란

한 신입 사원이 있었다. 그는 메모 앱을 활용해 할 일 리스트를 정리하며 일을 하기로 마음먹었다. 아침마다 '오늘 할 일'이라는 제목으로 업무를 적어 내려갔고, 모든 업무 요청을 실시간으로 입력했다. 문제는 리스트가 금세 복잡해졌다는 데 있었다. 갑자기 들어온 요청이나 새로운 아이디어까지 모두 같은 공간에 적다 보니, 당장 해야 할 일과 나중에 해도 되는 일이 섞여버렸다. 나중엔 이 리스트를 들여다보는 것조차 부담이 되기 시작했다. 결국 그는 어느 날부터 리스트 작성을 중단했고, 다시 메신저 알림이나 이메일에 의존하게 되었다. 그리고 며칠 뒤, 상사에게 '지난주에 이야기했던 자료는 정리됐지?'라는 질문을 받았을 때, 그는 당황한 나머지 '그건 깜빡했네요…'라고 답할 수밖에 없었다. 리스트가 업무를 정리하지 못하고, 오히려 혼란을 키운 셈이었다.

리스트도 '정리 기준'이 필요하다

리스트를 제대로 쓰기 위해선 첫째, '하루 단위'로 나누는 습관이 필요하다. 내일로 넘어갈 일과 오늘 꼭 해야 할 일을 구분해서 적지 않으면, 모든 일이 마치 '지금 당장 해야 하는 일'처럼 보이게 된다. 둘째, '카테고리'로 정리하는 것도 좋다. 예를 들어 'A 프로젝트 관련', '회사의 요청 대응', '개인 업무'처럼 큰 흐름별로 묶으면 우선순위가 보인다. 셋째, '실행 시간'을 예측해서 함께 적는 것이 도움이 된다. 단순히 '보고서 작성'이라고 쓰는 대신 '보고서 초안 작성 – 40분'이라고 적으면 하루 시간 배분이 수월해진다. 마지막으로 가장 중요한 건 '하루가 끝난 후, 리스트를 정리하는 습관'이다. 체크되지 않은 항목은 그대로 두는 것이 아니라, 내일로 이월하거나 다시 우선순위를 조정해서 재정리해야 한다. 이렇게 해야 리스트는 계속 살아 있는 도구로 작동한다.

리스트는 업무 흐름을 바꾸는 가장 작은 기술

리스트는 단지 '해야 할 일'을 기록하는 게 아니라, 스스로 업무를 주도하기 위한 가장 작은 도구다. 리스트를 제대로 쓰는 사람은 하루의 흐름을 먼저 그려보고 그에 따라 움직인다. 예를 들어 '오전엔 집중이 잘 되니까 분석 업무를 먼저 배치하고, 오후엔 회의가 많으니 가벼운 정리 업무를 나중에 몰아놓자'는 식이다. 또한 할 일의 개수를 5~7개로 제한하는 것도 좋은 방법이다. 실제로 하루에 10개 이상 일을 끝낼 수 있는 경우는 드물기 때문에, 실현 가능한 분량을 적는 것이 더 중요하다. 체크된 항목을 지우기보다는 눈에 보이게 두는 것도 동기부여에 도움이 된다. 성취감이 쌓일수록 리스트를 쓰는 일도 즐거워진다. 무엇보다 중요한 건, 리스트는 나를 위해 존재한다는 사실을 잊지 않는 것이다. 누군가에게 보여주기 위한 것이 아니라, 내가 내 일을 더 잘 하기 위해 쓰는 개인적인 도구라는 점을 기억하자.

쓰는 만큼 명확해진다

많은 초보 실무자들이 리스트 작성을 '추가 업무'로 여긴다. 하지만 실제로는 일이 많을수록, 더 복잡할수록 리스트는 나를 위한 강력한 정리 도구가 된다. 중요한 건 양이 아니라 질이고, 아무리 간단한 내용이라도 쓰는 순간 업무는 머릿속에서 밖으로 나오며 정리된다. 결국 일 잘하는 사람들의 공통점은 일을 많이 하는 것이 아니라, 해야 할 일을 선명하게 아는 데서 출발한다. 할 일 리스트는 그 출발점을 만들어준다. 처음엔 어색하고 귀찮게 느껴질 수도 있지만, 일주일만 꾸준히 써보면 하루가 훨씬 가볍게 흘러가는 걸 느낄 수 있을 것이다. 쌓인 리스트보다 잘 정리된 짧은 리스트가 더 큰 힘을 발휘한다.

오늘 하루도 시작 전에 리스트를 적어보자. 적는 순간, 머릿속은 이미 정리에 들어가 있다.

'우선순위'만 알면 일이 단순해진다

누구나 한 번쯤 이런 순간을 겪는다. 오늘 해야 할 일이 머릿속에 가득한데, 막상 어디서부터 손을 대야 할지 몰라 멍하니 시간을 보내버리는 경우다. 일단 급해 보이는 것부터 손대지만 중간에 다른 요청이 끼어들고, 다시 그 일을 하려 했는데 이번엔 다른 연락이 와서 또 미뤄진다. 그렇게 하루가 지나면 이상하게 손에 남는 결과는 없고, 머릿속은 더 복잡해져 있다. 정리도 안 되고 일도 줄지 않는 이런 악순환은 많은 직장인들이 공감하는 현실이다. 하지만 이 복잡한 흐름의 중심에는 한 가지 중요한 개념이 빠져 있다. 바로 '우선순위'다.

일의 무게는 같지 않다

모든 일이 다 중요해 보이지만, 실제로는 그렇지 않다. 어떤 일은 급하고, 어떤 일은 중요하고, 어떤 일은 사실 지금 하지 않아도 되는 일이다. 문제는 이걸 구분하지 못하면 아무리 열심히 일해도 '진짜 중요한 일'은 자꾸 밀린다는 데 있다. 예를 들어, 어떤 마케터는 하루에 들어오는 카카오톡 문의, 이메일, 보고서 수정 요청, 콘텐츠 기획, 사내 회의 등 다양한 업무를 동시에 받고 있었다. 그중 어떤 건 정말 '지금 당장' 해야 할 일이고, 어떤 건 '기한만 잘 맞추면 되는 일'이었다. 하지만 그는 모든 일을 비슷한 선상에서 처리하고 있었고, 결국 중요한 프로젝트 기획안은 마감 직전에 허겁지겁 완성하게 됐다. 표면적으로는 열심히 일한 하루였지만, 실질적으로는 전략적 성과가 없었던 날이었다.

눈앞의 일보다 더 중요한 기준

우선순위는 단순히 '급한 것 먼저'의 문제가 아니다. 어떤 일이 나와 우리 팀, 회사에 더 큰 영향을 줄지를 판단하는 기준이 필요하다. 예를 들어 '긴급하지만 중요하지 않은 일'은 즉시 대응하되 너무 많은 시간과 에너지를 쓰지 말아야 하고, '중요하지만 지금 급하지 않은 일'은 오히려 가장 먼저 시간을 확보해 집중해야 한다. 이런 판단을 도와주는 프레임이 바로 '아이젠하워 매트릭스'다. 네 가지 분류로 업무를 나누는 방식인데, 이 구조를 처음 적용해본 팀원은 '우선순위를 정한다는 게 결국은 시간과 집중을 어디에 쓸지 선택하는 일이라는 걸 알게 됐다'고 말했다. 특히 '중요한데 안 급한 일'을 꾸준히 챙기면 진짜 성과가 달라지기 시작한다.

사람마다 우선순위가 다른 이유

우선순위가 잘 안 맞는 또 하나의 이유는 '기준이 서로 다르기 때문'이다. 어떤 사람은 고객 응대가 가장 우선이고, 어떤 사람은 내부 보고가 더 급하다고 생각한다. 그래서 같은 팀 안에서도 충돌이 생긴다. 한 디자이너는 '마케팅 팀이 요청한 이미지를 가장 먼저 만들었는데, 알고 보니 개발 팀 요청은 오늘 마감이었다'며 곤란해한 적이 있다. 이 문제를 해결하기 위해 팀장은 각 업무 요청 시 마감 기한, 사용 목적, 우선도 등을 함께 적도록 요청했고, 슬랙에는 '요청사항 템플릿'을 만들어 자동으로 필요한 정보가 빠지지 않게 했다. 처음에는 번거롭다고 느꼈지만, 곧 업무의 충돌이 줄어들고 시간 낭비도 현저히 줄었다.

우선순위는 정리에서 나온다

우선순위가 눈에 보이지 않는 이유는 기록이 없기 때문이다. 일의 목록만 적어두고 '뭘 먼저 해야 하지?' 고민만 하면 매번 다시 선택해야 한다. 반면, 하루의 시작에 오늘 할 일들을 정리하면서 각 업무 옆에 '긴급', '중요', '참고' 등으로 분류를 붙여두면 훨씬 명확해진다. 어떤 팀에서는 '오늘의 업무 리스트'에 시간 예상까지 적도록 권장한다. 예를 들어 '제안서 수정 - 1시간 / 견적 확인 - 10분 / 회의록 정리 - 20분'처럼 쓰면, 스스로 감당할 수 있는 업무량을 가늠할 수 있고, 갑작스러운 요청이 들어와도 어디까지 조정 가능한지 판단할 수 있다. 이렇게 정리하면 머릿속에서 돌고 돌던 고민이 종이 위로 내려오고, 하루가 훨씬 단순해진다.

우선순위는 계획이 아니라 루틴이다

많은 사람들이 '일단 계획을 잘 세우면 되겠지'라고 생각하지만, 사실 우선순위는 계획보다 루틴에 가깝다. 매일 아침, 혹은 퇴근 전 10분만 투자해서 다음 날 할 일과 중요도를 적어보는 습관. 한 번은 일 잘하기로 소문난 기획자가 후배에게 '나는 매일 아침 10분은 무조건 오늘의 일 정리로 시작해'라고 말했다. 그에게 정리는 선택이 아니라 생존 기술이었고, 일의 방향을 잡는 유일한 기준이었다. 한 번 정리하고 끝나는 게 아니라 매일 업데이트하면서 바뀌는 일정을 반영하는 유연함이 중요하다. 특히 회사에서는 매일 변수가 생기기 때문에 '고정된 우선순위'가 아니라 '계속 다듬는 우선순위'가 필요하다.

팀 전체의 우선순위가 맞아야 진짜 효율이 생긴다

개인이 아무리 정리를 잘해도, 팀 전체의 우선순위가 맞지 않으면 효율은 떨어진다. 예를 들어 콘텐츠 제작 팀이 마감 순서를 디자인 팀과 공유하지 않으면, 둘 다 밤늦게까지 작업을 해야 하는 상황이 반복된다. 그래서 어떤 조직에서는 매주 월요일 아침 30분을 '우선순위 정리 회의'로 정해, 각자의 주요 업무와 마감 일정을 공유하고, 서로 조율할 항목을 미리 논의한다. 이런 회의는 단순한 체크인이 아니라, 협업의 기준을 맞추는 과정이다. 이런 흐름이 정착되면, 일정이 꼬이거나 중복되는 일을 미리 방지할 수 있다.

정리된 우선순위가 만드는 단순한 하루

우선순위는 결국 복잡한 하루를 단순하게 만드는 도구다. 일은 계속 많아지고, 상황은 늘 바뀌지만, 그 안에서 내가 어디에 에너지를 써야 할지를 정하는 기준이 있으면 당황하지 않는다. 정리를 통해 중요한 일이 먼저 끝나고, 급한 일에도 흔들리지 않고, 쓸데없는 회의나 반복 작업도 줄일 수 있다. 중요한 건 이 우선순위가 종이에만 적힌 말이 아니라, 내 하루의 기준이 되는 것이다. 가장 바쁜 사람일수록 정리를 잘하는 이유는, 바로 이 기준이 있기 때문이다.

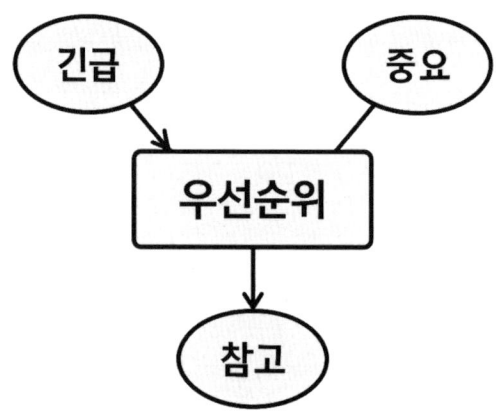

03
흐름이 보이는 정리법
- 마인드맵과 흐름도

일을 시작하려고 노트북 앞에 앉았는데 무슨 내용을 먼저 써야 할지 모르겠는 순간이 있다. 아이디어는 많은데 방향이 없고, 머릿속에 어떤 흐름으로 정리하면 좋을지 실마리가 안 잡히는 것이다. 특히 보고서를 쓰거나 프로젝트 기획안을 만들 때 이런 상황이 자주 생긴다. 단어는 떠오르는데 연결이 안 되고, 어떤 순서로 써야 자연스러운지 감이 오지 않는다. 그래서 괜히 첫 문장에서 머뭇거리고 시간이 흐르면서 불안감이 커진다. 이런 막막함은 결국 '정보가 머릿속에만 있을 때' 생기는 문제다. 생각을 꺼내고 흐름을 정리하는 데 도움이 되는 도구가 있다. 바로 마인드맵과 흐름도다.

마인드맵, 생각을 펼쳐서 보는 방식

마인드맵은 생각을 시각적으로 확장해보는 방식이다. 예를 들어 '신제품 출시'라는 주제를 가운데에 두고, 거기에서 '시장 조사', '경쟁

분석', '타깃 설정', '홍보 전략' 같은 가지를 뻗어나간다. 그 가지에서 또 하위 가지들이 생긴다. 이렇게 하면 머릿속에 얽혀 있던 정보들이 시각적으로 정리된다. 한 디자이너는 제품 컨셉 기획안을 짤 때 늘 마인드맵으로 시작한다고 한다. 처음엔 막연했지만 키워드를 중심으로 가지를 뻗다 보면 생각이 분류되고, 어떤 방향으로 기획안을 구성할지 자연스럽게 흐름이 생긴다고 한다. 특히 회의나 브레인스토밍 때 여러 아이디어가 막 쏟아질 때 마인드맵은 그 아이디어들을 흩어뜨리지 않고 연결해주는 역할을 한다.

흐름도, 단계와 과정을 구조화하는 힘

마인드맵이 생각을 펼쳐보는 도구라면, 흐름도는 그 생각을 순서대로 이어주는 구조다. 예를 들어 고객 응대 프로세스를 정리할 때 '문의 접수 → 내용 확인 → 담당자 배정 → 회신 → 후속 처리'와 같은 흐름을 화살표로 연결하면 전체 프로세스가 한눈에 들어온다. 어떤 일은 흐름이 중요한데 그걸 머릿속으로만 처리하면 빠뜨리는 단계가 생긴다. 한 번은 새로 입사한 직원이 업무 매뉴얼 없이 일을 시작하다가 이메일 회신을 건너뛰는 바람에 고객 불만이 커진 사례가 있었다. 이후 그 팀은 간단한 흐름도를 만들어 내부 위키에 공유했고, 그 이후로는 새 직원도 빠르게 일의 순서를 익힐 수 있었다. 시각화된 흐름은 실수 가능성을 줄이고 일의 품질을 일정하게 유지해주는 도구가 된다.

글보다 그림이 먼저 보일 때

많은 사람들은 문장을 읽기보다 그림을 먼저 본다. 보고서나 기획안에 흐름도를 넣으면 그 자료가 더 이해하기 쉬워지고 설득력이 생긴다. 실제로 한 팀장은 중요한 보고서를 작성할 때마다 흐름도나 타임라인을 반드시 한 페이지에 넣었다. 이유는 단순했다. '보고를 받는 상사는 시간이 없기 때문'이었다. 흐름도를 한눈에 보면 내용을 3분 안에 파악할 수 있기 때문에, 보고의 시작부터 설득력이 높아진다. 특히 복잡한 과정을 설명할 때 흐름도 하나만 잘 그려도 말이 줄어들고 오해도 줄어든다. 어떤 신입사원은 실수로 '작업 순서'를 말로만 설명하다가 전달이 잘 안 돼 팀에서 작업을 잘못 처리한 적이 있었다. 이후부터 그는 슬라이드 첫 장에 '업무 흐름도'를 삽입하는 습관을 들였다. 그것만으로도 일이 훨씬 매끄러워졌다고 했다.

툴을 몰라도 쉽게 시작할 수 있는 방법

처음에는 마인드맵이나 흐름도를 만들 때 어떤 툴을 써야 할지 고민이 많을 수 있다. 하지만 복잡하게 생각할 필요는 없다. A4용지 한 장에 손으로 그리는 것부터 시작해도 충분하다. 가운데에 주제를 적고, 화살표와 선을 이용해 생각을 뻗고 연결해보는 연습이 익숙해지면 나중에는 노션, 미로, 루시드차트 같은 도구도 자연스럽게 따라온다. 실제로 어떤 회사는 화이트보드 하나만 두고 모든 회의를 마인드맵식으로 정리했다. 메모지를 붙이거나, 간단한 그림을 그리는 것만으로도 구성원들이 생각을 공유하는 데 큰 도움이 되었다. 중요한 건 툴이 아니라 정리하는 습관이고, 시각적으로 생각을 구조화하는 감각이다.

한 번에 끝내지 않아도 된다

흐름을 정리하는 건 절대 한 번에 완성되지 않는다. 처음엔 중간 단계가 빠지거나, 가지가 덜 연결될 수도 있다. 하지만 그 상태로 꺼내 놓는 것만으로도 의미가 있다. 다시 보면서 추가하거나 수정하면서 점점 더 자연스럽고 효율적인 구조로 다듬어지는 것이다. 어떤 프로젝트 매니저는 마인드맵을 하루에 세 번 고쳤다고 한다. 아침에는 전체 구조를 잡고, 점심엔 세부 항목을 다듬고, 저녁에는 순서를 조정했다. 그렇게 업데이트된 정리 덕분에 팀원들도 어디서부터 무엇을 해야 할지 확실하게 이해했고, 프로젝트의 속도가 확 달라졌다.

생각이 정리되면 말도, 글도 쉬워진다

마인드맵과 흐름도를 쓰는 또 다른 장점은 의사소통이 빨라진다는 점이다. 정리되지 않은 상태에서는 말을 길게 해도 핵심이 안 잡히고, 글을 써도 어디서부터 어떻게 써야 할지 모른다. 하지만 구조가 있으면 말이 간결해지고, 글도 흐름을 따라 쓰기만 하면 된다. 실제로 회의 발표 자료를 만들 때 마인드맵으로 먼저 전체 구조를 그려두면, 발표용 슬라이드는 그 순서대로 정리하면 되고, 각 항목을 설명하는 내용만 채워 넣으면 된다. 이렇게 흐름을 잡는 정리는 단지 머릿속만 정리해주는 것이 아니라, 일 전체를 빠르고 매끄럽게 이끌는 중요한 기반이 된다.

정리를 위한 정리가 아니라, 흐름을 위한 정리

마인드맵과 흐름도를 처음부터 잘 쓸 필요는 없다. 완벽한 구조보다 중요한 것은 '생각의 흐름을 꺼내는 것'이다. 이 도구들은 복잡한 일의 출발점을 만들고, 일의 연결고리를 보이게 해준다. '정리 잘하는 사람'은 단지 메모를 깔끔하게 하는 사람이 아니라, 흐름을 꿰고 있는 사람이다. 그 흐름은 말의 순서를 바꾸고, 일의 단계를 정리하며, 협업의 방향까지 잡아준다. 그래서 정리는 곧 실력이다. 생각이 많아 머리가 무거울 때, 손으로 그림을 그려보는 일부터 시작해보자. 그것이 일의 흐름을 잡는 가장 간단하고 강력한 방법이 될 수 있다.

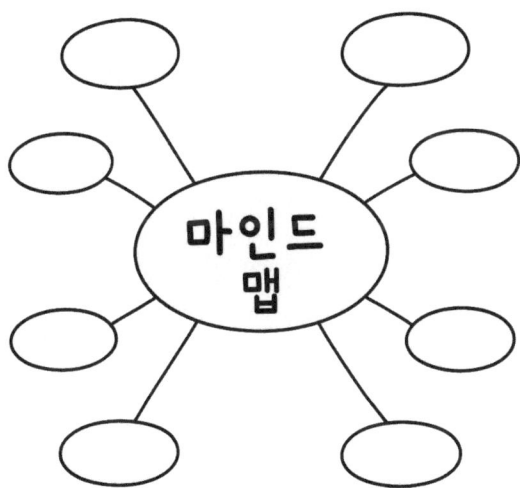

04

엑셀·노션·캘린더의 똑똑한 활용법

직장 생활을 하다 보면 주변 동료들이 하나같이 입을 모아 말한다. '엑셀은 기본이지', '요즘엔 노션이 대세야', '캘린더에 안 써두면 무조건 까먹는다.' 처음 입사한 사람들은 그런 도구들을 열심히 깔고 이것저것 정리해보지만, 막상 일주일쯤 지나면 다시 원래대로 돌아간다. 엑셀 파일은 버전이 너무 많아지고, 노션은 페이지가 복잡해져 들어가기도 싫고, 캘린더는 알림만 계속 울릴 뿐 제대로 활용되지 않는다. 도구는 많은데 오히려 머릿속은 더 복잡해지는 느낌이다. 실제로 많은 실무자들이 이런 경험을 겪는다. 정리하려고 도구를 썼는데, 오히려 도구가 정리를 방해한다는 역설적인 상황. 그래서 중요한 건 도구를 쓰는 '방법'이다. 엑셀을 쓴다고, 노션을 쓴다고, 캘린더를 쓴다고 일이 정리되는 건 아니다. 각각의 도구가 어떤 용도에 맞고 어떤 방식으로 써야 효율적인지를 이해하고 나서야 비로소 도구가 정리의 도구가 된다.

엑셀은 '정리'보다 '계산과 표'에 적합하다

엑셀을 처음 배우면 흔히들 todo리스트를 만들고, 날짜별 업무를 적고, 완료 체크 칸을 만드는 식으로 활용한다. 그런데 시간이 지나면 이 엑셀 파일은 업데이트가 안 되고 그대로 방치된다. 이유는 간단하다. 엑셀은 텍스트를 정리하는 데엔 효율이 떨어진다. 수치 계산이나 반복 작업에는 강하지만, 메모를 남기거나 흐름을 따라가는 데는 적합하지 않기 때문이다. 엑셀의 진가는 반복되는 패턴, 자동화, 정해진 형식의 데이터 관리에 있다. 예를 들어, '주간 업무 보고서'를 엑셀로 정리할 경우 각 항목이 명확히 구분되고 계산이 필요한 경우 SUM이나 COUNTIF 같은 수식을 넣으면 누락 없이 관리할 수 있다. 반면 아이디어나 논리의 흐름, 복잡한 맥락은 엑셀보다 텍스트 중심의 도구가 낫다. 엑셀은 정리 도구로는 보조적이며, 데이터를 다룰 때 빛을 발하는 '정형화'된 도구다.

노션은 '정보의 흐름'과 '팀 공유'에 적합하다

노션을 처음 쓰면 너무 예쁘고 다양한 템플릿에 감탄하게 된다. 하지만 실무에 들어가면 노션이 너무 느려서 답답하다는 말도 많다. 왜일까? 이유는 노션이 '정적'이 아닌 '구조적' 정리에 적합한 도구이기 때문이다. 단순한 리스트를 적는 용도보다는, 문서끼리의 연결, 흐름 있는 프로젝트 관리, 업무 히스토리 관리에 탁월하다. 예를 들어 팀원이 5명이고 각자의 업무 상황을 공유하고 싶다면, 노션의 데이터베이스 기능을 통해 업무 카드 하나하나를 만들고 태그를 걸어 누구의 작업인지, 현재 상태가 어떤지를 시각적으로 확인할 수 있다. 한 번 구조만 잘 만들어놓으면 프로젝트가 진행될수록 축적되는 정보가 쌓이고, 이력도 자연스럽게 남는다. 다만 노션은 파일 크기가 커지거나 많은 이미지, 데이터가 들어가면 로딩 속도가 느려질 수 있고, 모바일로 보기엔 불편할 수 있다. 따라서 노션은 '전략적 문서 관리' 혹은 '지식 정리'에 적합한 도구다. 팀 단위로 협업하며 함께 문서를 축적해나갈 때 특히 빛난다.

캘린더는 '기억'이 아니라 '행동'을 위한 도구다

캘린더를 쓰는 사람 중 많은 이들이 중요한 날짜를 놓친다. 회의 알림은 떴지만 회의 자료를 준비하지 못했고, 마감일은 표시되어 있었지만 실무는 착수조차 못 한 경우도 많다. 문제는 '시간'만 정리하고 '행동'을 정리하지 않았기 때문이다. 캘린더는 그날 해야 할 '행동'을 가시화하는 도구여야 한다. 단순히 '오후 3시 회의'라고 적는 것보다 '14:30 회의 자료 마무리 → 15:00 회의 시작 → 16:00 회의 내용 회의록 정리'처럼 '실행 단계'까지 포함해 넣는 방식이 더 효과적이다. 캘린더는 우리가 마감에 쫓기기 전에 스스로 흐름을 잡을 수 있게 해주는 지도 역할을 한다. 반복되는 일정은 자동화 설정을 통해 놓치지 않게 만들 수 있고, 매일 아침 그날의 일정을 한눈에 확인하는 습관을 들이면 업무 흐름이 훨씬 매끄러워진다. 단순한 스케줄러가 아니라, 행동을 설계하는 도구로서의 캘린더가 되어야 한다.

도구 간의 '역할 분담'이 핵심이다

많은 사람들은 엑셀도 쓰고, 노션도 쓰고, 캘린더도 쓰지만 이 도구들이 서로 연결되지 않아 같은 일을 세 번 입력하는 경우도 있다. 또는 어떤 내용은 노션에, 어떤 내용은 엑셀에 따로 있어 정작 필요한 순간에 파일을 찾느라 시간을 낭비한다. 가장 이상적인 형태는 각각의 도구가 제 역할을 맡고, 흐름은 하나로 이어지는 것이다. 예를 들어 이런 흐름을 생각해보자. '회의 일정을 캘린더에 등록하고 → 회의 내용을 노션에 정리하고 → 그중 수치나 예산과 관련된 자료는 엑셀로 계산해서 첨부한다'. 이 세 가지가 링크로 연결되면 다시 찾기도 편하고, 팀원과 공유하기도 좋다. 중요한 건 어떤 정보를 어디에 둘 것인가를 처음부터 정해놓고 쓰는 습관이다. 그래야 정리와 실행이 자연스럽게 이어진다.

일은 도구가 아닌 습관이 만든다

아무리 좋은 도구를 써도 쓰는 사람이 목적을 잊으면 무용지물이 된다. '그냥 써보라 해서 써봤어요'라는 태도보다 '이걸 쓰면 어떤 문제가 해결될까?'라는 질문이 먼저 있어야 한다. 초보자일수록 도구를 다 쓰려고 하기보다, 지금 나에게 가장 필요한 도구 하나에 집중하는 것이 낫다. 그 도구에 익숙해지고, 정리하는 습관이 생기면 자연스럽게 다른 도구도 연결해갈 수 있다. 중요한 건 도구가 아니라 그 도구로 '무엇을' 정리할 것인가다. 회사 생활에서 효율이란 결국 '찾는 데 걸리는 시간'이 아니라, '할 일을 잊지 않는 방식'이다. 엑셀·

노션·캘린더는 결국 모두 이 '잊지 않기 위한 정리'를 도와주는 역할을 할 뿐이다.

05
하루 5분 '업무 되돌아보기' 습관 만들기

하루가 끝나면 대부분의 직장인은 그날의 일을 마무리하고 컴퓨터를 끈다. 머릿속에 남아 있는 건 오늘 있었던 회의, 처리한 업무, 하지 못한 일에 대한 막연한 걱정뿐이다. 그런데 그날 무슨 일이 있었는지, 어떤 것을 해결했는지, 무엇을 놓쳤는지는 시간이 지나면 금방 잊혀진다. 다음 날 아침 다시 일과를 시작하려고 하면 어제 뭘 하다 말았는지 기억이 나지 않고, 중요한 피드백이나 실수도 흐릿하게 지나가버린다. 이런 방식이 반복되면 쌓이는 건 경험이 아니라 피로감이다. 일은 했는데 남는 게 없다는 생각, 실수는 반복되고 성장은 더뎌진다는 느낌. 이것은 단지 능력의 문제가 아니라 '되돌아보는 시간'이 없기 때문에 생기는 일이다. 하루 중 단 5분만이라도 조용히 앉아 오늘의 업무를 정리하고 생각하는 시간을 가지는 것, 이 작은 습관 하나가 생각보다 강력한 변화의 시작이 될 수 있다.

되돌아보지 않으면 놓치는 것들

실제로 많은 사람들이 실수한 뒤에야 깨닫는다. '내가 그 메일에 빠뜨린 내용이 있었구나', '그건 지난 회의에서도 나왔던 얘기였지', '그때 그 말이 문제였구나.' 하지만 이러한 깨달음은 이미 일이 벌어진 다음이다. 대부분은 사건 이후에야 되돌아보며 다음에는 실수하지 말자 다짐하지만, 그 다짐은 다음 날이면 또 흐려진다. 중요한 건 실수가 아닌, 실수를 기록하고 반성하고 다시 떠올리는 습관이다. 일 잘하는 사람과 그렇지 않은 사람의 차이는 아주 큰 게 아니라 이런 작은 되돌아보는 태도에서 시작된다. 기억만으로는 한계가 있다. 머릿속에만 의존한 복기보다는 눈으로 보고 손으로 써보는 기록이 필요하다. 하루 5분만 시간을 정해 놓고 '오늘 무엇을 했는지', '무엇이 잘됐고', '무엇이 부족했는지'를 되짚어보는 것이다. 이 5분이 바로 어제를 내일로 연결하는 다리 역할을 한다.

'하루 5분 복기'가 만든 달라진 다음 날

한 중소기업의 직원 김진호 씨는 업무의 효율이 늘 제자리걸음이라고 느꼈다. 실수를 자주 하진 않았지만, 일의 우선순위가 계속 꼬이고 일이 반복되며 '왜 이렇게 비효율적이지'라는 불만이 쌓였다. 그러다 어느 날, 선배가 습관처럼 퇴근 직전에 작은 수첩을 펴고 오늘 있었던 일을 몇 줄 적는 것을 보고 따라 하기 시작했다. 처음에는 무슨 일을 적어야 할지 몰라 헤맸지만, 매일 한 줄이라도 적다 보니 자신이 어떤 흐름으로 일하는지 보이기 시작했다. 예를 들어, 매주 월요일엔 반복적으로 보고서 초안 작업에 시간을 쏟는다는 걸 깨달았고, 그 작업에 필요한 자료를 매주 금요일 미리 준비해두면 월요일 오전이 한결 여유로워진다는 점을 알게 됐다. 작은 복기에서 시작된 변화는 일의 흐름을 바꾸고, 실수를 줄이고, 결국은 업무 속도 자체를 바꾸었다. 이처럼 '하루 5분 되돌아보기'는 그날 하루를 정리하는 데서 그치지 않고 다음 날을 준비하는 시간이다.

기록은 감정보다 '사실' 위주로

되돌아보기를 할 때 많은 사람들이 일기를 쓰듯 감정 중심으로 적는다. 물론 그날의 기분을 기록하는 것도 나쁘지 않지만, 중요한 건 '무엇을 했고, 무엇을 놓쳤고, 어떤 문제가 있었는가'라는 사실 중심의 정리다. 감정은 시간과 상황에 따라 바뀌지만, 사실은 기록될 때 다시 꺼내 읽어도 똑같은 의미를 준다. 특히 반복되는 실수를 줄이려면 감정보다 구체적인 상황 묘사가 필요하다. 예를 들어 '오늘 팀장님 말씀이 너무 상처였다'보다는 '회의 자료에 수치 오류가 있어 지적을 받았다, 엑셀 계산식을 다시 검토해볼 것'처럼 사건 중심의 정리를 해두면 다음에 같은 상황이 왔을 때 훨씬 빠르게 대처할 수 있다. 복기의 목적은 감정을 해소하기보다는, 더 나은 실행을 위한 발판을 만드는 데 있다.

5분을 위한 질문 3가지

처음 이 습관을 시작하려는 사람에게 도움이 되는 것은 질문을 정해두는 것이다. 아무 기준 없이 복기를 하다 보면 점점 적을 게 없어지고, 결국 흐지부지 끝나기 때문이다. 다음과 같은 세 가지 질문을 매일 던져보자. 첫째, 오늘 내가 한 일 중 가장 의미 있던 일은 무엇인가? 둘째, 오늘 놓쳤거나 잘못한 일은 무엇이고, 그 원인은 무엇인가? 셋째, 내일의 업무를 위해 미리 준비할 것은 무엇인가? 이 세 가지를 중심으로 하루를 정리하면, 실수를 줄이고 자신감을 키울 수 있는 하루 복기의 틀이 만들어진다. 처음에는 문장도 어색하고 간단한 메모에 그칠 수 있지만, 점점 글이 길어지고 구체적으로 변하게 된다. 그 변화가 바로 일 잘하는 실무자들이 가진 공통된 습관의 출발점이다.

퇴근 전 5분이 가져오는 커다란 변화

많은 사람들은 퇴근 시간을 되면 빨리 집에 가는 걸 최우선으로 생각한다. 하지만 정말 5분만 늦는다고 해서 큰 차이가 있을까? 그 5분을 써서 오늘을 정리하면, 내일 아침 업무 준비 시간이 15분에서 30분까지도 줄어들 수 있다. 아침마다 헤매는 시간, 회의 전에 허둥대는 시간, 다시 파일을 찾는 시간을 생각하면 하루 5분은 결코 긴 시간이 아니다. 오히려 그 5분이 하루의 생산성과 집중력을 가장 크게 좌우하는 순간이다. 이 습관이 한 달만 지나도 업무를 대하는 태도와 마음가짐이 바뀌고, 스스로를 관리할 수 있다는 자신감이 생긴다. 회사는 매일 새로운 일이 쏟아지고 변화도 많지만, 이 되돌아보는 시간만은 매일 같게 유지할 수 있다. 그 꾸준함이 결국 나를 지탱

하는 '정리력'으로 쌓인다.

하루 복기용 질문 카드

1. 오늘 가장 잘한 일은 무엇이었나?
2. 예상보다 오래 걸린 일은 무엇이었나?
3. 오늘 한 일 중, 내일로 넘겨야 할 것이 있다면?
4. 반복되는 문제는 없었나? 있다면 어떻게 개선할 수 있을까?
5. 오늘 업무에서 배운 점이나 느낀 점은?
6. 내일 더 효율적으로 일하려면 어떤 준비가 필요할까?

기록이 곧 업무력이다

일 잘하는 사람은
다르게 기록한다

'이 일, 어떻게 된 거였지?' 팀원이 퇴근한 후 혼자 남은 회의실에서 자료를 다시 뒤적이며 중얼거리는 일이 하루이틀이 아니다. 회의는 분명 같이 했고, 방향도 정했는데 실행하려다 보니 결정된 게 무엇인지 도무지 알 수 없다. 누군가는 정리를 해놓았을 텐데, 어디에 있는지 알 수 없고, 메신저를 아무리 올려봐도 관련 대화는 이미 묻혀 버렸다. 이런 상황에서 '일 잘하는 사람은 다르게 기록한다'는 말은 단순한 조언이 아니라, 생존 전략에 가깝다. 같은 정보를 듣고도, 같은 일을 맡고도 결국 결과에서 차이를 만드는 건 '어떻게 기록했느냐'에서 출발한다.

기록의 첫걸음, '왜 남기는가'를 아는 것부터

많은 사람이 '메모'나 '정리'를 해야 한다는 건 알지만, 막상 실천하려 하면 막막해한다. 무얼, 얼마나, 어떻게 남겨야 하는지 기준이 없기 때문이다. 예를 들어 회의 중간중간 키워드만 적어두는 사람이 있다면, 또 다른 누군가는 말 그대로 회의 내용을 줄글로 옮긴다. 둘 다 정답은 아니지만, 둘 다 비효율적일 수 있다. 중요한 것은 기록이 '내가 다음 행동을 하기 위한 참고서'가 되어야 한다는 점이다. 회의 내용에서 핵심 결정사항과 실행 주체, 마감 기한만 분명히 기록해도 이후의 일처리는 훨씬 간단해진다. 기록은 기억의 연장이 아니라, 행동의 안내서여야 한다.

일 잘하는 사람은 '이후'를 보고 기록한다

회사에서 인정받는 사람들의 메모는 단순한 필기가 아니다. 그들은 메모하면서 동시에 생각한다. '이 내용은 나중에 어떻게 써먹을 수 있을까?' '이건 팀에 공유해야 할까, 나만 알아두면 될까?' '이건 나중에 찾아볼 일이 있으니 키워드를 남겨야겠지.' 즉, 그들은 단순히 지금의 상황을 붙잡는 데서 그치지 않고, 그 정보가 흐르는 방향까지 고려해 기록한다. 예를 들어 영업팀 김 과장은 미팅 중 고객의 요구사항을 적을 때, 단순히 '납기일 단축 요청'이라고만 쓰지 않는다. 그는 '납기 단축(기존 10일 → 요청 7일 / 사유 : 납품처 리뉴얼 일정)'처럼 맥락과 수정을 요구한 이유까지 함께 적는다. 이렇게 작성된 메모는 이후 설계팀이나 물류팀과 협의할 때도 불필요한 재설명을 줄이고, 결정사항을 빠르게 공유하는 데 큰 도움이 된다. 결국 정보를 '기록'하는 데서 멈추지 않고 '활용'을 전제로 한 메모가 실무의 속도를 결정짓는다.

기록은 복잡한 생각을 단순하게 바꿔주는 도구다

머릿속이 복잡할 때일수록 기록의 힘은 더욱 빛난다. 문제를 풀지 못하고 머뭇대는 이유 중 하나는 '정리가 안 되어 있어서'다. 기록은 생각의 흐름을 눈으로 보이게 만든다. 예를 들어 한 마케팅 기획자가 '이번 캠페인 방향이 잡히지 않는다'며 몇 시간째 고민만 하다가, A4 용지를 꺼내 '고객 페르소나', '예상 반응', '비용 제한', '채널별 특징' 등을 마인드맵으로 그려보니 바로 방향이 잡혔다. 메모가 아니라 구조화된 '기록' 덕분이었다. 단순히 내용을 모아두는 것이 아니라, 내용을 배열하고 관계를 짓는 과정 자체가 사고의 정리로 이어졌기 때문이다.

잘 쓰는 사람들은 템플릿을 만든다

기록을 습관으로 만드는 데는 '형식'의 힘이 있다. 무작정 노트를 펴놓고 쓰기보다, 자신만의 템플릿이 있으면 훨씬 수월하다. 예를 들어 회의록의 경우 '회의 일시 - 참석자 - 주제 - 주요 논의사항 - 결정사항 - 실행 담당자' 항목으로 고정된 구조를 두면 생각 없이도 내용을 정리할 수 있다. 마찬가지로 이메일 초안이나 업무 보고서 작성 시에도 자주 쓰는 표현이나 문단 구성을 미리 저장해두면 작성 시간이 반으로 줄어든다. 이처럼 '기록을 위한 준비된 틀'을 갖춘 사람은 기록하는 데 고민하지 않으며, 오히려 그 안에서 효율과 창의성을 동시에 끌어올린다.

정리는 공유까지를 포함한다

기록은 나만 보려고 하는 것이 아니라, 누군가와 '같이 일하기 위해' 필요한 경우가 많다. 이때 가장 중요한 건 '읽는 사람을 생각하는 기록'이다. 설명을 덧붙이거나, 용어를 통일하거나, 링크를 첨부하는 등 나 외의 사람도 이해할 수 있도록 배려하는 기록은 결국 협업의 질을 높인다. 예를 들어 어떤 팀원이 회의 후 작성한 문서에 '의견 정리 : 1안 보류, 2안 강행 / 이유 : A고객의 반응 + 납기 이슈'라고 간결하게 정리해뒀다면, 팀장이 해당 문서를 열자마자 상황을 파악하고 결정을 내릴 수 있다. 기록은 '누군가를 돕기 위한 설명서'가 될 수 있다는 점에서, 일의 연속성과 신뢰를 높이는 역할을 한다.

기록은 습관이다, 습관은 반복에서 시작된다

기록을 잘하고 싶다면 처음부터 멋지게 하려 하지 않아도 된다. 처음엔 한 줄 요약만으로도 충분하다. 아침에 오늘의 주요 업무를 적어두고, 점심 이후 한 줄 정도 피드백을 남겨보자. 퇴근 전에는 '오늘 내가 깨달은 것 하나'만 적는 것도 좋다. 반복은 언젠가 구조를 낳고, 구조는 결국 업무력을 만든다. '정리 잘하는 사람'은 태생이 아니라, 하루하루 쌓아올린 사람이다.

기록을 잘하고 싶다면 이렇게 시작해보자

- 회의록에는 반드시 '결정된 사항'과 '실행자'를 포함하자.
- 업무 진행 중 떠오른 아이디어는 말풍선처럼 따로 표시해두자.

- 하루에 한 번, 간단한 정리 템플릿을 이용해 자신만의 기록 루틴을 만들어보자.
- '지금 기록 안 해도 괜찮겠지'라는 생각이 들면 오히려 지금 메모하자.
- 혼자 보기 위한 메모라도 나중에 읽을 나를 위해 조금 더 정리해두자.

더 이상 일을 잘하려면 머리를 더 써야 한다는 고정관념은 내려놔도 된다. 필요한 건 조금 더 자주, 조금 더 똑똑하게 메모하고 기록하는 습관일지도 모른다. 기록은 단순한 흔적이 아니라, 일하는 사람의 방식 그 자체다.

회의록, 메모, 요약
정리의 실전 기술

회의가 끝난 후 '방금 회의 좋았어, 정리만 잘하면 될 것 같아'라고 말한 팀장, 그리고 그 옆에서 조용히 고개만 끄덕이던 신입. 하지만 정작 한 시간 뒤 '아까 이야기한 게 뭐였지?'라는 질문에 대답할 수 있는 사람은 아무도 없다. 분명 말을 주고받았고, 결정을 내린 것 같은데 막상 남은 건 서로 다른 기억뿐이다. 메신저는 수십 개의 말풍선으로 뒤섞여 있고, 자료 공유 링크는 어디로 갔는지 찾을 수조차 없다. 이럴 때 가장 먼저 지적받는 건 결국 '회의록'이 없다, '요약 정리가 부족하다'는 말이다. 회의록과 메모, 요약은 단순히 '글을 잘 쓰는' 기술이 아니라, 회의를 제대로 마무리하고 실무로 연결하는 연결고리다. 실전에서 바로 쓸 수 있는 기록 기술은 그렇게 중요해진다.

회의록은 '기록'이 아니라 '정리'다

회의록을 쓸 때 많은 사람이 '들리는 대로 다 받아적기'에 집중한다. 하지만 회의는 말이 많고, 말은 방향 없이 흘러간다. 이를 고스란히 옮기면 나중에 다시 보기 힘든 장황한 글이 될 뿐이다. 중요한 건 요약이다. 예를 들어 한 디자이너가 기획 회의에서 '메인 컬러는 좀 더 밝은 계열로, 유저 리뷰에서 밝은 색에 대한 선호가 높았으니까요'라고 말했다면, 회의록에는 이렇게 적히면 된다. '→ 메인 컬러 : 밝은 계열로 변경(이유 : 사용자 리뷰 기반)' 이처럼 말로는 길게 흘러가는 내용을 논리적으로 압축해 핵심을 남기는 것이 회의록의 진짜 역할이다. 정답은 없지만, 핵심은 분명히 있다. '누가, 무엇을, 왜, 언제까지, 어떻게'라는 질문에 답할 수 있다면 그 회의록은 제 역할을 한 것이다.

메모는 지금보다 '이후'를 위해 쓴다

회의 중이나 업무 중간중간, 무엇을 메모할까 고민될 때가 있다. 지금 당장은 별로 중요해 보이지 않는데 굳이 적어야 하나 싶을 때도 많다. 하지만 진짜 기록은 나중을 위한 투자다. 예를 들어 누군가 메신저로 '이번 기획안, A안 말고 B안으로 가자'라고 간단히 이야기했다면, 그냥 넘길 수도 있다. 하지만 그때 그 말을 시간과 함께 메모해두면, 훗날 결정 근거를 되짚을 수 있다. 그리고 그 기록은 팀원 간의 오해를 줄이고, 책임 소재를 명확히 하는 데도 도움이 된다. 실무에서는 이런 사소한 기록이 나중에 커다란 논쟁을 피하는 결정적 역할을 한다.

요약은 '보는 사람'을 위한 정리다

요약을 잘하는 사람은 정보를 덜어내는 능력이 탁월하다. 글을 줄인다고 해서 문장을 짧게 자르는 것이 아니라, 불필요한 배경이나 반복을 제거하고 핵심만 남긴다. 예를 들어 10페이지짜리 회의 자료를 상사에게 보고해야 할 때 '전체적인 흐름은 ○○이며, 주요 이슈는 △△, 결론은 □□입니다'처럼 문단별로 핵심만 정리해 전달하면 훨씬 효율적이다. 또, 같은 정보를 누구에게 보고하느냐에 따라 요약의 깊이도 달라진다. 팀장에게는 '결론 중심', 실무자에게는 '실행 내용 중심', 외부 협력사에게는 '공식적 용어와 맥락 중심'으로 정리해야 한다. 같은 사실도 어떻게 요약하느냐에 따라 전달력은 완전히 달라진다.

실제로 이렇게 쓴다 - 예시 회의록 구성

회의록을 어떻게 써야 할지 모를 땐 기본 틀을 갖고 시작하는 것이 좋다. 다음은 실무에서 바로 쓸 수 있는 회의록 구성 예시다.

- 회의명 : 7월 마케팅 전략 회의
- 일시 : 2025.07.07(월) 14:00~15:00
- 참석자 : 박대리, 이과장, 김사원
- 주요 안건 : 여름 이벤트 기획안, SNS 콘텐츠 확대

1. 논의사항

- 여름 이벤트 일정 : 7/24~8/10
- 콘텐츠 제작 담당자 변경 필요(기존 김사원 → 박대리)
- 협찬사 확정 : ABC몰(제품 200개 제공 예정)

2. 결정사항

- 이벤트 타이틀 : '여름엔 무료배송!'
- 콘텐츠 제작 마감일 : 7/20
- SNS 채널별 운영 방안 : 인스타그램 리일 중심, 블로그 리뷰 연계

3. To-Do 및 담당자

- 이벤트 페이지 디자인 : 이과장(7/12까지)
- 콘텐츠 촬영 일정 조율 : 김사원(7/10까지)
- 협찬사 계약서 정리 : 박대리(7/15까지)

이런 식의 정리는 보기 쉬울 뿐 아니라, 나중에 찾아보기도 편하다. 회의록이 잘 되어 있으면, 보고서의 기초가 되고 업무 관리의 기준이 된다.

한 줄 메모가 쌓이면 매뉴얼이 된다

많은 사람들이 '제대로 정리해야지'라는 생각에 완벽한 문장을 쓰려다 결국 아무것도 남기지 못한다. 하지만 업무 중에 메모는 완벽할

필요가 없다. 한 줄만 적어도 충분하다. 예를 들어 '고객 B사, 6월 피드백 때 리뉴얼 요청 있음 - 다시 확인 필요'라는 메모는 이후 기획회의나 디자인 수정 작업 때 결정적인 역할을 할 수 있다. 이런 메모가 10개, 50개 쌓이면 결국 그 사람만의 업무 매뉴얼이 된다. 바로 꺼내 쓸 수 있는 실무 노하우가 되는 것이다.

요약과 기록은 시간을 줄이는 기술이다

잘 쓴 메모 하나는 30분짜리 설명을 대신할 수 있다. 회의록이 잘 정리되어 있으면, 그 내용을 다시 설명하거나 찾기 위해 허비하는 시간이 줄어든다. 요약이 잘 된 문서는 처음 보는 사람도 금방 업무를 파악할 수 있게 돕는다. 기록은 시간을 잡아먹는 존재가 아니라, 시간을 벌어주는 도구다. 정리하는 데 5분 걸리더라도, 나중에 30분을 아끼는 일이라면 주저하지 말고 해야 한다.

이제부터 이렇게 해보자

- 회의록은 '누가, 무엇을, 왜, 언제까지'를 중심으로 적자.
- 메모는 말 그대로 메모, 한 줄이라도 남기면 이득이다.
- 보고서는 요약이 핵심, 받는 사람의 입장에서 정리하자.
- 정리 습관은 시작이 어려울 뿐, 반복하면 자연스러워진다.
- 나중에 볼 '나'를 위해 기록하자 : 기억은 흐려지지만 기록은 남는다.

회의는 끝나도 일이 끝난 게 아니다. 남는 말이 없다면, 결국 같은 대화를 반복하게 된다. 한 줄의 메모, 명확한 회의록, 깔끔한 요약이 그걸 막아준다. 기록을 잘하는 건 글을 잘 써서가 아니라, 일의 흐름을 잘 이해해서다. 그래서 기록이 곧 업무력이다.

03
상사가 좋아하는 보고서의 형식과 구성

보고서를 작성해 상사에게 보냈을 때 '결론이 어딨지?', '이걸 왜 보고한 거야?'라는 반응을 들어본 적 있을 것이다. 꼼꼼하게 조사하고 길게 썼는데도 상사는 되려 '간단하게 요약해봐'라고 말한다. 이런 일이 반복되면 보고서 쓰는 것이 괴롭기만 하다. 하지만 이건 실력이 부족해서가 아니라, 방향을 잘 몰라서 생기는 일이다. 상사가 원하는 보고서에는 일정한 흐름과 구성이 있다. 단순히 형식을 맞추는 게 아니라, 상대가 정보를 빨리 이해할 수 있도록 돕는 구조를 만드는 것이다. 그래서 보고서를 잘 쓰려면 글을 잘 쓰는 것보다 '상사의 입장에서 생각하는 연습'이 먼저다.

상사가 '좋아하는' 보고서란?

상사의 입장에서 하루에도 수십 개의 보고를 받는다. 보고서를 처음부터 끝까지 꼼꼼히 읽을 시간은 거의 없다. 그래서 첫 페이지, 첫 문장, 첫 문단이 중요하다. 여기서 핵심이 무엇인지, 지금 왜 이 보고를 하는지를 바로 알아차릴 수 있어야 한다. 가장 기본이 되는 형식은 이렇다.

1. 요약(핵심 메시지)
2. 배경(왜 이 보고를 하게 되었는지)
3. 본론(구체적 내용과 데이터)
4. 결론(요약 또는 제안)
5. 첨부자료(필요시)

이 순서를 따르는 보고서는 상사가 내용을 빠르게 파악하고, 필요한 부분만 골라볼 수 있어 선호도가 높다. 특히 요약 파트는 상사가 가장 먼저 보고 가장 오래 기억하는 부분이기 때문에, 명확한 메시지가 있어야 한다. '현재 비용이 과다 지출되고 있어 조정이 필요함', '신규 프로젝트 일정이 지연되어 인력 재배치 필요' 같은 한 줄 요약이 좋다.

실무자가 헷갈리는 포인트 - 어디까지 적어야 할까

처음 보고서를 작성할 때 가장 많이 하는 실수가 '너무 적게' 혹은 '너무 많이' 적는 것이다. 예를 들어 마케팅 결과 보고서를 쓸 때, 단순히 'SNS 게시물 총 10건, 조회수 1만 회 달성'이라고만 쓰면 상사는 왜 이 수치가 중요한지 알 수 없다. 반대로 '1건당 평균 도달 수, 좋아요 수, 클릭률의 변화, 타깃별 반응 분석, 업종 비교'까지 전부 넣으면 정보량이 많아져 핵심이 흐려진다. 이럴 때는 핵심 수치를 먼저 보여주고, 그 수치의 의미를 한 문장으로 요약하는 방식을 쓰면 좋다.

요약 : 6월 SNS 캠페인 목표치 150% 달성 (기대 대비 효과 큼)
배경 : 신규 제품 인지도 확대 목적
성과 :
- 총 게시물 10건, 평균 조회수 1,000회
- 클릭률 전월 대비 30% 증가
- 20대 남성 타깃군 반응 최다 (60% 이상)
결론 및 제안 :
- 콘텐츠 유형 중 영상 반응 우수 → 7월 캠페인에 영상 확대 필요

이런 식의 구성은 데이터를 보여주면서도, 상사가 결정을 내릴 수 있도록 맥락을 함께 전달해준다.

보고서는 읽는 문서가 아니라 '보는' 문서다

보고서를 글로만 채우는 사람이 많지만, 사실 보고서는 시각적인 문서다. 표, 도식, 색상 강조, 굵은 글씨 등을 적절히 활용하면 훨씬 이해하기 쉽다. 예를 들어 '지난 3개월 매출 추이'를 문장으로만 설명하는 것보다, 막대 그래프 하나를 첨부하면 단 몇 초 만에 파악할 수

있다. 실무에서는 시간과 효율이 중요하기 때문에, 보고서도 '눈에 잘 들어오게' 만들 필요가 있다.

이때 주의할 점은 너무 많은 색과 도형을 쓰지 않는 것이다. 강조가 너무 많으면 오히려 눈이 흐려진다. 중요한 숫자에는 굵은 글씨와 박스 테두리, 주제 구분은 아이콘이나 심플한 색상 구분 정도만 사용해도 충분하다.

상사가 신뢰하는 보고서의 특징

상사는 '멋진 표현'보다는 '신뢰할 수 있는 근거'를 더 중요하게 여긴다. 실무자가 보고서를 쓸 때는 자신이 보고 들은 내용을 중심으로 쓰는 경향이 있지만, 상사는 '이건 어디서 나온 자료지?', '누가 말한 내용이지?'라는 걸 먼저 궁금해한다. 따라서 중요한 수치는 출처를 남기고, 인용이나 제안은 근거를 달아주는 것이 좋다.

- 시장 점유율 2위 기록
    (출처 : 2025년 1분기 산업보고서, ○○연구소)
- 클릭률은 평균 7.4%로, 전월 대비 1.5% 상승
    (사내 CRM 리포트 기준)

이런 디테일은 보고서의 신뢰도를 높이고, 상사가 다시 질문하는 일을 줄여준다.

보고서 작성 전, 이것부터 생각하자

많은 실무자들이 보고서를 쓸 때 '무엇을 써야 하지?'만 고민한다. 하지만 더 중요한 건 '누구에게 보고하는가'이다. 같은 내용을 써도, 팀장에게 보고할 때와 이사에게 보고할 때의 언어와 구성은 달라야 한다. 팀장에게는 실무 상황 중심으로, 이사에게는 비즈니스 임팩트 중심으로 구성해야 한다. 그리고 '결정이 필요한 보고서'인지, '상황을 공유하는 보고서'인지에 따라 결론의 형태도 달라진다. 항상 '이 보고서를 받는 사람이 가장 먼저 궁금해할 것은 무엇일까?'를 먼저 생각해보자.

상사가 원하는 건 '정리된 정보'다

상사는 바쁘다. 그래서 보고서는 빠르고 간결해야 한다. 하지만 간결함은 단순함과 다르다. 간결하되 핵심이 빠지면 무의미하고, 핵심을 담되 장황하면 피로하다. 보고서 작성은 결국 '필요한 만큼만 정리하는 기술'이다. 이 기술을 익히면 모든 문서가 명확해지고, 어떤 말을 하든 신뢰를 얻을 수 있다.

이제부터 이렇게 해보자

- 첫 페이지에 요약 문장 한 줄을 넣는다.
- '누가, 언제, 왜, 무엇을, 어떻게'의 5W1H를 기준으로 정리한다.
- 가능한 표, 도표, 색상 강조를 활용하되 과하지 않게 구성한다.
- 보고서를 받는 사람이 누구인지 먼저 생각하고 톤을 맞춘다.

- 출처, 데이터 기반, 비교 수치를 통해 신뢰를 확보한다.
- 결론은 항상 '그래서 무엇을 해야 하는가'로 끝낸다.

보고서는 단순한 업무 결과가 아니라, 팀 안의 커뮤니케이션 방식이다. 말로만 전달되면 흘러가고, 문서로 남으면 기억된다. 상사가 좋아하는 보고서라는 건 결국 '기억되고 활용되는 정보'라는 뜻이다. 내가 쓴 보고서 한 장이 팀의 방향을 바꾸기도 하고, 내 신뢰를 쌓는 기회가 되기도 한다. 그래서 보고서를 잘 쓴다는 건 일을 잘한다는 말과 다르지 않다.

04
이메일과 메신저,
상황에 맞는 커뮤니케이션

회사에서 가장 흔한 오해는 사실 말에서가 아니라 '형식'에서 시작된다. 같은 내용이라도 메신저로 하면 무심하게 보이고, 이메일로 하면 무거워 보일 수 있다. 예를 들어 팀장에게 '파일 다시 드립니다'라는 말을 메신저로 보냈을 땐 가볍게 전달되지만, 같은 문장을 이메일 제목에 써서 보냈을 땐 '뭔가 문제가 있었나?' 하는 오해를 살 수도 있다. 이렇게 커뮤니케이션에서 중요한 건 '내용' 못지않게 '상황에 맞는 도구를 선택하는 감각'이다. 일 잘하는 사람은 메시지를 정확하게 쓰는 사람보다, 메시지를 잘 전달되는 방식으로 바꾸는 사람이다.

이메일이 어울리는 순간들

이메일은 기본적으로 '기록이 남아야 하는' 상황에 어울린다. 누가 언제 어떤 이야기를 했는지, 확인이 필요한 경우 특히 그렇다. 예를 들어 외부 파트너에게 계약 관련 내용을 전달하거나, 상사에게 의사

결정을 요청할 때는 메신저보다 이메일이 적합하다. 이유는 명확하다. 추후 문제가 발생했을 때, 어떤 말을 주고받았는지 쉽게 확인할 수 있기 때문이다. 또한 이메일은 공식적인 느낌을 주기 때문에 '업무를 정리해서 전달하는' 용도로도 좋다. 예를 들어 회의가 끝난 후 '오늘 회의 내용 정리해서 공유드립니다'라고 이메일을 보내면 회의가 하나의 단위로 마무리된다는 인상을 준다. 그 안에 회의 안건, 결정사항, 향후 계획이 깔끔하게 정리되어 있다면, 상사나 동료는 그 메일을 기준 삼아 다음 업무를 준비할 수 있다. 이메일을 쓸 때 가장 흔한 실수는, 제목과 본문이 불분명하다는 것이다. 예를 들어 제목에 '보고드립니다'라고만 쓰면, 받는 사람 입장에서는 무슨 내용인지 바로 파악이 어렵다. 좋은 제목은 핵심이 드러나 있어야 한다.

- [프로젝트A] 예산 조정안 공유드립니다
- [회의 정리] 7월 팀장단 회의 요약 및 결론
- [중요] 계약서 수정본 및 주요 변경 사항 안내

이렇게 제목만 읽어도 메일을 열지 않고도 내용을 짐작할 수 있어야 한다.

메신저가 어울리는 순간들

반면, 메신저는 빠르게 반응이 필요한 순간에 더 잘 어울린다. 예를 들어 '회의실 지금 비어 있어요?', '방금 자료 업로드하셨나요?',

'잠깐 전화 가능하세요?'처럼 실시간 반응이 필요한 경우에는 이메일보다 메신저가 효율적이다. 실제로 많은 팀이 슬랙이나 카카오워크(또는 카카오톡)같은 업무 메신저를 중심으로 소통하고 있다. 그런데 이 메신저가 오히려 피로도를 높이는 경우도 많다. 바로 '지나치게 많은 대화' 때문이다. 업무 중인 동료에게 갑자기 '지금 시간 돼요?'라는 메시지를 보내면, 상대는 그 의미를 파악하기 위해 추가로 질문하거나 부담을 느낄 수 있다. 이런 상황을 줄이려면 처음부터 메시지를 명확하게 보내야 한다.

- '지금 5분 정도 통화 가능하신가요? 브로셔 인쇄 건 관련해서요.'
- '방금 전달드린 파일 중 제품 정보 부분만 한 번 더 확인 부탁드립니다.'

이처럼 메신저로도 '완성된 문장'으로 이야기하면 오해가 줄어든다. 특히 상사나 바쁜 동료와의 대화일수록, 단순히 말을 빠르게 보내기보다, 읽고 바로 이해할 수 있게 작성하는 것이 중요하다.

상황에 따라 섞어 써야 한다는 사실

하나의 커뮤니케이션에서도 이메일과 메신저를 섞어 써야 하는 경우가 많다. 예를 들어 중요한 보고서를 이메일로 먼저 보낸 후, '보내드렸습니다'라는 짧은 안내를 메신저로 보내는 방식이 그렇다. 이런 이중 커뮤니케이션은 누군가에게는 번거롭게 보일 수도 있지만, 실무에서는 꼭 필요한 경우가 많다. 메일만 보냈다가 하루가 지나도 읽지 않거나, 메신저만 보냈다가 나중에 내용을 찾지 못해 문제가 되는 일이 있기 때문이다. 업무의 성격에 따라 메일-메신저-회의록의 조합을 유기적으로 활용하는 감각이 쌓이면, 자연스럽게 업무의 흐름도 정리된다. 그리고 누가 무엇을 했는지 기록이 남기 때문에, 팀 전체의 업무 신뢰도도 높아진다.

기록을 겸한 커뮤니케이션이 필요하다

일하면서 겪는 대부분의 불편은 '말을 했는데 기억을 못하거나', '다르게 받아들였을 때' 발생한다. 따라서 커뮤니케이션은 단지 메시지를 전달하는 수단이 아니라, '업무의 흐름을 정리하고 기억에 남기기 위한 수단'이기도 하다. 예를 들어 후배에게 '그거 예전 버전 아닌가요?'라고 메신저로만 말하면 상대는 '지금 뭐가 문제지?'라고 당황할 수 있다. 이럴 땐 그 말 뒤에 한 줄만 덧붙이면 다르다. '회의록엔 3월 수정본 기준으로 한다고 되어 있어서요. 다시 확인 부탁드려요.' 이처럼 근거와 맥락이 담긴 커뮤니케이션은 그 자체가 '기록'이 된다. 그리고 나중에 누가, 언제, 왜 이런 말을 했는지도 쉽게 찾아볼 수 있다.

메신저는 '감정'도 포함된 도구다

문장의 온도는 메신저에서 특히 중요하다. 이모티콘 하나, 말 끝의 표현 하나에 따라 분위기가 완전히 달라질 수 있다. 예를 들어 '네'와

'넵', '알겠습니다~'는 같은 내용이라도 받아들이는 느낌이 다르다. 물론 업무 커뮤니케이션은 감정보다 정보가 중심이어야 하지만, 감정을 배려한 표현은 오해를 줄이고 관계를 부드럽게 만든다. 반대로, 너무 캐주얼한 표현을 남용하면 신뢰를 해칠 수도 있다. '이거 좀 봐줘요 ㅎㅎ'처럼 과도한 이모티콘이나 유머는 공식 업무 채널에서는 자제하는 것이 좋다. 팀 분위기나 상대에 따라 톤을 조절하는 능력이야말로, 커뮤니케이션에서의 진짜 센스다.

상황별 커뮤니케이션 매뉴얼
 - 급한 일 전달 → 메신저(단, 정확하고 맥락 있게 작성)
 - 공식 보고/외부 전달 → 이메일(형식과 기록을 중시)
 - 회의 후 요약 → 이메일 + 메신저 알림
 - 상호확인 및 피드백 요청 → 메신저(요점 정리) + 메일(기록 남김)
 - 혼란 방지용 공지 → 이메일(전체 전달) + 메신저(읽기 확인용)

이메일과 메신저는 '기록'이자 '배려'다

효율적인 커뮤니케이션은 일의 흐름을 빠르게 만들고, 실수를 줄이고, 협업을 원활하게 만든다. 하지만 그 시작은 도구의 선택에서부터 온다. 이메일과 메신저, 둘 다 모두 익숙하게 사용하더라도, 그때그때 상황에 맞는 방식을 고르는 감각이 쌓여야 한다. 회사에서 중요한 건 말이 아니라 말의 방식이다. 같은 말을 언제, 어떻게, 어떤 도구로 전달하느냐가 곧 일의 속도와 결과를 바꾼다. 내가 보낸 메시지

하나가 오해 없이 잘 읽히고, 그 메시지가 일의 흐름을 자연스럽게 이어준다면, 그것이 바로 실무력이 된다. 작은 커뮤니케이션 습관 하나가 결국엔 '일 잘하는 사람'이라는 신뢰로 이어진다.

'나중에 쓸 자료'를 지금부터 준비하는 법

회사에서 가장 자주 듣게 되는 말 중 하나가 '그 자료 혹시 따로 정리해둔 거 있어?'라는 질문이다. 이 질문은 곧 '예전에 했던 걸 다시 꺼내야 하는 순간'이 찾아왔다는 뜻이다. 문제는, 그걸 정리해 두지 않았을 때다. 메일, 메신저, 파일 정리함을 뒤지며 '분명 어디 있었는데…'라는 생각만 반복하고 있는 자신을 발견하게 된다. 이런 상황을 피하는 방법은 단 하나다. 당장 급하지 않아도 '나중에 쓸 자료'를 미리미리 정리해두는 습관이다.

기록하지 않으면 쌓이지 않는다

처음에는 누구나 이렇게 생각한다. '이건 너무 사소해서 기록할 필요가 없겠지.' '이건 나만 기억하고 있으면 돼.' 하지만 회사에서의 정보는 대부분 한 번 쓰고 끝나는 게 아니다. 6개월 뒤, 혹은 1년 뒤 누군가 새롭게 합류하면서 다시 설명해야 하고, 다른 부서에서 비슷한 안건이 나오면 과거 사례를 요청받는다. 그때마다 다시 정리하는 건 시간 낭비고, 이미 알고 있었던 내용을 되살리는 데 드는 에너지 역시 만만치 않다. 예를 들어 마케팅팀에 있는 한 직원이 상품별 SNS 반응을 매달 메모장에 메모해 두었다. 처음엔 단순히 개인 관심 차원에서 기록했지만, 1년이 지나고 나서 신상품 콘셉트를 기획하는 회의 때, 그 자료가 결정적인 역할을 했다. '작년 봄에 여성고객 반응이 좋았던 키워드가 있었는데요…'라며 바로 꺼내 보여준 것이다. 그 자료는 나중에 부서 보고서에도 포함되었고, 그녀는 기획력뿐 아니라 '기록력'으로도 인정받기 시작했다.

'지금은 쓸모없음'과 '언젠가 쓸모 있음'의 차이

문제는, 대부분의 정보가 처음엔 '쓸모없어 보인다'는 점이다. 예를 들어 회의 중 무심코 언급된 경쟁사 행사 일정, 메일에 적힌 고객 피드백의 한 줄, 시안 수정 과정에서 버려진 문구 하나까지. 이런 것들은 지금 당장은 필요 없어 보이지만, 미래에는 중요한 힌트가 될 수 있다. 누군가는 그것을 그냥 지나치고, 누군가는 그것을 '나중에 쓸지도 모른다'는 감각으로 따로 저장해둔다. 이게 바로 기록의 차이다. 그렇다면 무엇을 기록해 두어야 할까? 정답은 없지만, 다음과 같은 항목들은 의식적으로 정리해 두면 좋다.

- 반복해서 묻는 질문의 답변
- 프로젝트 진행 과정 중 생긴 고민과 수정 이력

- 외부 미팅 중 알게 된 인사이트나 팁
- 메일에 언급된 고객 피드백, 건의사항
- 한 번 썼던 문구나 자료의 응용 버전
- 누군가의 칭찬, 상사의 긍정적인 평가

'나만의 자료함'을 만드는 습관

가장 쉬운 방법은 폴더 하나를 만드는 것이다. 이름은 거창할 필요 없다. 예를 들어 '자료_모아두기', '나중에_쓸_지도', '좋았던_표현' 같은 폴더명도 괜찮다. 중요한 건 그 안에 자유롭게, 부담 없이 자료를 모아두는 것이다. 형식이나 틀을 맞추려다 보면 오히려 손이 가지 않게 된다. 텍스트든 이미지든, 링크든 간단한 생각 한 줄이든 일단 넣어두는 게 시작이다. 더 나아가면 노션이나 에버노트, 심지어 네이버 메모 앱을 써도 된다. 중요한 건 언제든 꺼낼 수 있도록 '나만의 방식'으로 분류해 두는 일이다. 어떤 사람은 키워드별로 정리하고, 어떤 사람은 날짜순으로 나열한다. 어떤 방식이든 반복되는 과정에서 자신의 스타일이 생기고, 그것이 쌓이면 진짜 자산이 된다.

기록의 힘은 '연결'에서 시작된다

한 번은 인사팀에서 '연봉제 전환' 관련해서 다른 기업의 사례를 조사하라는 요청이 있었다. 대부분의 팀원이 처음부터 리서치를 시작했지만, 한 직원은 예전에 봤던 인사 관련 웨비나에서 비슷한 사례가 나왔다며 그 요약 노트를 꺼냈다. 그는 이미 6개월 전, 별생각

없이 적어둔 몇 줄의 요약 덕분에 하루 만에 보고서를 완성했다. 그게 가능했던 건 정보를 '연결할 수 있는 형태'로 남겨뒀기 때문이다. 기록은 쌓는 것에서 끝나는 게 아니다. 연결될 수 있을 때 진짜 가치를 발휘한다. 메모 하나, 스크랩 하나, 화면 캡처 한 장이 서로 연결되면서 '이거랑 저거랑 붙이면 이런 그림이 나올 수 있겠네'라는 창의적인 결과가 나오는 것이다.

지금 당장은 안 써도 괜찮다, 단 '찾기 쉽게'만 해두자
가장 중요한 건 기록을 '찾을 수 있도록' 정리해 두는 것이다. 아무리 좋은 메모라도 폴더 속에 잊히면 의미가 없다. 그래서 최소한의 규칙은 필요하다.
예를 들어 다음과 같은 정리 방식이 있다.

- 파일명 앞에 날짜 붙이기 : 20250707_고객피드백_정리
- 간단한 키워드로 구분 : 기획아이디어, 반응좋았던문구, 설문결과요약
- 위치 통일하기 : 자료는 항상 '기록' 폴더 안에서만 보관

이렇게만 정리해두어도 나중에 찾는 시간이 절반 이상 줄어든다. 그리고 그 줄어든 시간이 곧 '생산성'이 된다.

기록은 미래의 나를 위한 배려다

지금은 쓰지 않더라도, 그 기록은 미래의 나를 살려준다. 프로젝트가 끝났을 때 '이런 흐름이었지' 하고 빠르게 복기할 수 있고, 후배가 물어봤을 때 '이 문서 참고해봐'라고 여유 있게 답할 수 있다. 상사에게 갑작스럽게 보고할 일이 생겼을 때도, '제가 전에 정리한 거 있어요' 한마디로 신뢰를 줄 수 있다. 무엇보다 '나중을 위해 기록하는 습관'은 결국 업무를 다시 배치하고 흐름을 조절하는 힘이 된다. 기록은 기억을 보완하는 도구를 넘어서, 그 자체로 내 일을 다시 설계하는 도구가 되는 것이다.

작은 기록이 큰 차이를 만든다

　기록은 거창하지 않아도 된다. 메일 한 줄, 생각 노트 한 장, 대화 도중 떠오른 문장을 메모해두는 것으로도 충분하다. 중요한 건 습관화이고, 그 습관은 결국 일이 몰릴 때 진가를 발휘한다. '나중에 쓸지도 모르니까'라는 생각으로 시작된 기록 하나가, 어느 날엔 가장 빛나는 무기가 될 수 있다. 업무력은 단지 지금 잘하는 능력이 아니라, 미래의 나를 준비시키는 힘이다. 그리고 그 힘은 '지금 이 순간 기록하는 습관'에서 시작된다.

5장

협업과 공유의 기술

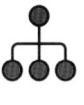

내가 하는 일이
팀 전체에 영향을 줄 때

회사에서 일하다 보면 나 혼자 처리하는 것 같지만, 그 결과가 팀 전체에 영향을 주는 순간을 자주 마주하게 된다. 특히 일정이 엮이거나 결과물이 다른 팀원 작업의 기반이 될 경우, 사소한 지연이나 오차 하나가 전체 일정에 영향을 준다. 처음 입사했을 때는 '내 일만 잘하면 되지'라는 생각으로 일하지만, 어느 순간부터는 내가 맡은 부분이 팀 전체 퍼즐의 한 조각이라는 걸 실감하게 된다. 기획자 정은 씨는 어느 날 큰 실수를 경험했다. 홍보팀과 디자인팀, 개발팀이 함께 진행하는 앱 리뉴얼 프로젝트에서, 그녀가 맡은 기획안 정리가 하루 늦어진 것이다. 단 하루였지만, 그 안에 의존하고 있던 후속 작업들이 줄줄이 밀려버렸고, 일정이 맞물린 개발자와 디자이너들은 그 시간 동안 대기만 해야 했다. 정은 씨는 처음엔 '하루쯤 괜찮겠지'라고 생각했지만, 결국 팀 전체 일정과 분위기에 영향을 준 셈이 됐다. 그제야 그녀는 '내가 한 발 늦었을 뿐인데, 모두가 같이 늦춰지는 일이 벌어지는구나'라는 걸 깨달았다.

협업은 함께 걷는 '속도'에 맞춰야 한다

팀으로 일한다는 건 단지 일의 분량을 나눠 갖는다는 뜻이 아니다. 실제 협업은 속도와 타이밍을 맞추는 일이 훨씬 더 중요하다. 혼자서 능률이 높더라도 팀 전체 속도와 어긋나면 일이 어그러지기 쉽다. 예를 들어 A가 작성한 데이터를 기반으로 B가 보고서를 만들고, C가 발표 자료를 완성해야 하는 경우, A가 1일 지연되면 B도, C도 그만큼 늦어진다. 이처럼 협업은 선형이 아니라 파도처럼 밀려간다. 작은 흔들림이 전체 흐름을 무너뜨릴 수도 있다. 한번은 회계팀에서 예산 데이터를 입력하던 한 신입 사원이 입력기준을 헷갈려 숫자를 틀린 적이 있었다. 그 결과는 단순 오류를 넘어서 전체 예산 보고서가 엉망이 되었다. 이후 마케팅팀은 잘못된 숫자를 기반으로 광고비를 계획했고, 결국 예산 초과라는 불상사까지 벌어졌다. 이 사례는 한 사람의 작은 실수가 실제로 회사 전체 계획에 영향을 줄 수 있다는 것을 보여준다.

내가 안 보여도 내 결과물은 다른 사람의 출발점이 된다

업무에서의 역할이란 무대 위 배우가 아니라, 무대 뒤 조명 담당자일 수도 있다. 조명을 실수 없이 잘 켜야 무대 위 주연이 빛날 수 있다. 그리고 그런 '보이지 않는 역할'이야말로 협업에서 가장 중요한 고리다. 이메일 제목을 명확하게 쓰거나, 공유 폴더를 정리정돈해서 올리는 일, 미팅 요약을 5줄로 정리해 공유하는 일 모두 팀의 효율에 기여하는 것이다. 이런 작은 정리가 쌓이면 팀원들은 '이 사람과 일하면 편하다'는 인상을 받게 되고, 점차 중요한 프로젝트에 함께하게 된다. 반대로 아무리 결과물이 뛰어나도, 정리되지 않은 파일, 늦은 피드백, 공유되지 않은 정보는 팀워크를 해치게 된다. 결국 협업이란 각자가 가진 정보를 얼만큼 잘 전달하고, 그 흐름 속에서 조화를 이루느냐에 달려 있다.

의사소통의 핵심은 '내 다음 사람이 누구인가'를 아는 것

협업에서 가장 먼저 익혀야 할 감각은 바로 '내 다음 사람이 누구인가'다. 내가 어떤 작업을 마치고 나면, 그 다음 누구의 손으로 넘어가는지를 인식하고 있어야 한다. 그래야 그 사람의 입장에서 무엇이 필요한지를 고민하게 되고, 자료의 양식이나 설명 방식도 달라진다. 콘텐츠 마케터 주연 씨는 SNS 게시물 기획안을 작성할 때, 항상 디자이너가 편집하기 쉬운 방식으로 정리했다. 텍스트는 문장 단위가 아닌 줄 단위로 끊어주고, 이미지 요청은 픽셀 단위까지 명확히 작성했다. 덕분에 디자이너는 주연 씨의 자료를 별도 질문 없이 바로 작업에 들어갈 수 있었고, 둘의 작업은 매번 빠르고 매끄럽게 진행됐다. 단순한 배려 같지만, 이런 배려가 쌓이면 팀 전체 속도는 달라진다.

공유는 마감이 아니라, 다음 사람을 위한 '출발 신호'

많은 사람들이 업무를 '내가 마치면 끝'이라고 생각한다. 그러나 진짜 협업은 '내가 마치는 순간, 누군가의 일이 시작된다'는 인식을 갖는 데서 출발한다. 따라서 내가 공유한 자료 하나하나가 다음 작업자의 출발 신호라는 걸 잊지 않아야 한다. 특히 협업에서는 공유 시점과 공유 방식이 중요하다. 디자인팀의 수진 씨는 이런 방식으로 업무를 정리한다. 매일 업무 종료 10분 전에, 오늘 작업한 내용을 팀 단톡방에 간략히 정리해 올린다. 작업 진척도, 요청한 피드백 내용, 내일 필요한 자료까지 한 줄로 요약한다. 그녀는 '내가 공유를 잘하면, 팀원들이 나에게 묻는 일이 줄어들고, 그만큼 시간도 절약된다'고 말한다. 실제로 수진 씨 팀은 피드백 지연이나 자료 요청으로 인한 재작업이 거의 없고, 정시 퇴근 비율이 높기로 유명하다.

혼자 빠르게보다 함께 정확하게 가는 방법

혼자 일을 잘하는 것도 물론 중요하지만, 협업에서는 '정확히 맞물리는 타이밍'이 더 큰 힘을 발휘한다. 나만 앞서 나가면 결국 팀은 따로 움직이게 되고, 오히려 전체 완성도는 떨어진다. 때로는 속도를 조절해 팀원과 보조를 맞추는 것이 전체 프로젝트의 완성도를 높이는 길이다. 같은 결승선을 향해 달리는 마라톤 주자처럼, 서로의 호흡과 리듬을 이해하고 맞추는 것이 핵심이다.

업무는 '함께 만드는 흐름'이다

협업에서의 업무는 마치 오케스트라 같다. 각자가 다른 악기를 맡고 있지만, 하나의 악보로 움직이며 같은 박자를 맞춘다. 누군가

박자를 놓치거나 다른 음을 내면 전체 연주가 어긋난다. 회사에서의 협업도 마찬가지다. 나만의 일정, 나만의 속도로 일하면 그 결과는 팀 전체에 영향을 미친다. 반대로, 팀 전체 흐름을 고려해 움직이면 나의 존재감은 더욱 뚜렷해진다. 이런 인식을 가지고 일하는 사람은 '혼자만의 성과'가 아니라, '함께 만드는 완성도'를 중심으로 사고하게 된다. 그리고 그러한 마인드는 곧 팀에서의 신뢰로 연결되고, 그 사람은 자연스럽게 협업의 중심이 된다. 결국, 협업의 기술이란 따로 특별한 기술이 아니라, 나의 일 너머를 바라보는 시선에서 시작된다.

02

공유가 빠른 팀,
일도 빠르다

회사에서 일이 빨리 진행되는 팀을 보면 대부분 한 가지 공통점이 있다. '공유'가 빠르다는 점이다. 무엇을 하고 있는지, 지금 어디까지 진행됐는지, 어떤 부분에서 막혔는지에 대한 정보가 막힘없이 흐르기 때문에 팀원들은 그 흐름을 따라 효율적으로 움직일 수 있다. 반면 공유가 느리거나 누락되는 팀은 결국 같은 내용을 두 번 확인하거나, 이미 바뀐 방향으로 잘못된 작업을 하게 되는 일이 잦아진다. 대기업 콘텐츠팀에서 일하던 수현 씨는 업무 속도 차이를 뼈저리게 느낀 적이 있다. 두 개의 팀과 각각 협업했던 시기였는데, 한 팀은 매일 오전 10시에 5분짜리 요약 공유를 했고, 다른 팀은 일주일에 한 번만 보고서 형식으로 공유했다. 결과적으로 매일 공유하던 팀은 일정이 앞당겨졌고, 일주일 단위로 공유한 팀은 마감 직전에 대대적인 수정 요청이 들어왔다. '공유의 시점' 하나가 프로젝트의 흐름을 갈랐던 것이다.

속도를 내고 싶다면, 공유 먼저 챙겨야 한다

업무에서 속도를 높이는 가장 현실적인 방법은 일이 많아도 줄이지 않고, 할 일을 더 잘게 쪼개거나 공유를 더 자주 하는 것이다. 특히 협업 환경에서는 누가 뭘 하고 있는지 모르면 중복 작업이 발생하기 쉽고, 결과물도 방향을 벗어날 수 있다. '혼자서 열심히 한다'는 건 팀 전체로 보면 '혼자만 다른 길을 걷는 것'일 수 있다. 그래서 공유는 내가 어디에 있는지를 팀에게 알리는 일종의 신호다. 예를 들어 마케팅팀의 경진 씨는 프로젝트 초기에 구글 드라이브를 만들어 모든 기획안을 실시간으로 업데이트했다. 카카오워크 메시지 하나로 '방금 새로운 아이디어 추가했어요'라고 알리는 단순한 행동이었지만, 그로 인해 디자이너는 이미지 작업을 빨리 시작할 수 있었고, 홍보팀은 일정 조정에 더 유연하게 대응할 수 있었다. 정보가 빨리 전달되니, 모든 부서의 일이 자연스럽게 빨라진 것이다.

공유의 포인트는 '완성도'가 아니라 '시점'이다

많은 사람들이 공유는 무언가를 '완성한 후'에 해야 한다고 생각한다. 하지만 빠른 팀은 오히려 '아직 진행 중일 때' 공유를 시작한다. 초안이라도, 흐름이라도, 일단 다른 사람과 나누면 피드백이 빠르게 오고, 방향 수정도 훨씬 수월해진다. 반면, 끝까지 혼자 붙잡고 있다가 공유하면, 오히려 수정할 여유도 없이 마감 직전 갈등이 생기기 쉽다. 디자인팀의 한빛 씨는 초안이 완성되면 50% 완성도라도 기획자에게 먼저 공유한다. '이 정도 느낌인데 어떤가요?'라는 가벼운 질문과 함께 슬라이드 한 장을 공유하면, 기획자는 '좋아요, 여기만 조금 더 강조해줘요'라고 바로 피드백을 준다. 이런 방식으로 한빛 씨는 총 3번의 확인을 거쳐 수정 없이 최종안을 완성한 적도 많다. 공유의 타이밍을 앞당기면, 결국 수정은 줄고 속도는 붙는다.

공유의 방식은 다양하되, 기준은 하나여야 한다

공유는 단순히 메시지를 보내는 것이 아니라, 팀 전체가 그 내용을 쉽게 파악하고 사용할 수 있게 정리하는 기술이다. 어떤 팀은 구글 드라이브를, 어떤 팀은 노션을, 어떤 팀은 슬랙을 쓰지만, 중요한 건 '어디에 가면 무엇이 있는지'를 모두가 알고 있어야 한다는 점이다. 도구보다 더 중요한 건 기준이다. 파일은 어디에 올리고, 버전은 어떻게 표시하며, 제목 형식은 어떤지에 대한 팀만의 원칙이 있으면 공유는 단순해지고, 협업은 빨라진다. HR팀에서 일하던 연주 씨는 이를 실감한 적이 있다. 기존에는 엑셀 파일을 이메일로 돌리다 보니, 버전이 여러 개 생기고 수정 사항이 어디에 반영됐는지 알기 어려웠다. 그래서 '사람별'이 아니라 '버전별'로 관리하는 공유 방식으로 바꿨다. 파일 이름에는 날짜와 버전만 들어가고, 모든 수정사항은 구글 시트의 댓글에 기록된다. 단순한 체계 하나가 협업의 체감을 확 바꿔놓았다.

'한 번에 완벽한 공유'보다 '수시로 간단한 공유'가 낫다

완벽하게 정리해서 공유하려는 마음이 오히려 공유를 미루게 만든다. 그래서 가장 효율적인 공유는 수시로 짧게, 간단하게, 자주 이루어지는 공유다. 문서로 정리된 회의록보다 한 줄 요약, 정식 발표보다 3줄 피드백이 오히려 실무에서는 더 유용할 때가 많다. 특히 빠른 결정이 필요한 프로젝트에서는 이러한 간결한 공유가 전체 흐름을 살린다. 스타트업 운영팀에서 일하던 선우 씨는 협업 중 '공유의 과잉'보다 '공유의 미룸'이 더 문제라는 것을 느꼈다. 중요한 정보는 나중에 정리해서 보내야지 하다가 결국 늦어졌고, 이미 팀은 그 정보를 모른 채 진행한 뒤였다. 이후 그는 '일단 지금 상태라도 말하자'는 생각으로 바꿨고, 업무 흐름은 훨씬 유연해졌다. 공유는 완벽한 문장이 아니라, 적절한 타이밍과 최소한의 핵심이 전부였다.

공유는 관계를 빠르게 만든다

공유가 잘 되는 팀은 관계도 빠르다. 서로의 상황을 알고, 무엇을 고민 중인지 파악하고 있기 때문에 말 한마디 없이도 이해가 빠르고, 피드백도 자연스럽다. 이는 신뢰로 이어진다. '이 사람이 지금 무슨 생각을 하는지 알겠다'는 감각은 결국 작은 공유에서 출발한다. 그리고 이 공유는 단순히 문서나 자료의 차원이 아니라, 업무를 바라보는 관점의 공유까지 포함한다. 브랜딩팀의 유나 씨는 팀원끼리 주간 업무를 공유할 때, 단순히 '무엇을 한다'가 아니라 '왜 이 일을 하는가'를 간단히 덧붙인다. 예를 들어 '이번 글은 30대 여성 소비자를 중심으로 기획했어요'라는 문장이 들어가면, 디자이너도 타깃에 맞게 색감과 이미지를 조정하게 된다. 생각을 공유하면 결과물이 바뀐다. 단순한 전달이 아니라, 관점을 나누는 것이 진짜 협업을 만드는 것이다.

함께 일하는 속도는 공유에서 시작된다

공유는 단순한 전달이 아니다. 공유가 잘되는 팀은 일이 매끄럽고, 속도도 빠르다. 반대로 공유가 느린 팀은 늘 일정을 맞추느라 허덕이고, 반복되는 수정에 지쳐간다. 그리고 이 차이는 단순한 개인 역량이 아니라 '공유 문화'에서 비롯된다. 문서를 올리는 방식, 정보를 전달하는 타이밍, 피드백을 요청하는 말투 하나까지도 모두 포함된다. 결국, 빠르게 일하는 팀이란 '빠르게 생각이 오가는 팀'이고, 그 시작은 언제나 작은 공유에서부터다. 내가 지금 어디까지 왔는지, 뭘 고민하고 있는지, 어떤 점에서 도움을 받고 싶은지를 솔직하게 나눌 수 있을 때, 팀은 나란히 달리기 시작한다. 공유의 속도가 곧 협업의 속도이고, 협업의 속도는 결국 팀 전체의 성과로 이어진다.

협업툴(노션·구글·슬랙 등) 제대로 써보기

회사에서 협업툴을 도입하면 많은 사람들이 기대한다. '이제 자료 찾는 데 시간 안 걸리겠지', '팀원들끼리 더 빠르게 소통할 수 있겠지' 같은 기대가 쏟아지지만 실제로는 그리 단순하지 않다. 툴은 많고 기능은 복잡하며, 누가 어떻게 써야 할지도 명확하지 않기 때문에 오히려 더 혼란스러워지는 경우도 많다. 같은 툴인데 어떤 팀은 속도가 빨라지고, 어떤 팀은 여전히 파일이 여기저기 흩어져 있는 걸 보면 문제는 툴 자체가 아니라 '툴을 사용하는 방식'에 있다는 것을 알 수 있다. 인사팀에 입사한 지 3개월 된 지호 씨는 처음 노션을 접했을 때 기능이 많아 오히려 겁이 났다고 한다. 사내 위키를 만든다고는 했지만, 구조도 복잡하고 항목도 많아서 무엇을 어디에 올려야 할지 몰랐다. 그런데 어느 날 팀장이 구조를 전면 개편하면서 단 3개의 폴더만 남겼다. '진행 중', '완료', '공유 자료' 이렇게 단순화된 노션 페이지는 이후부터 모두가 매일 찾게 되는 '실제 작업공간'이 되었다. 툴이 문제가 아니라, 어떻게 정리하고 공유하는지가 관건이었다.

툴은 '목적'을 담는 그릇일 뿐이다

협업툴을 쓰는 목적은 단순하다. 하나는 자료를 잘 찾기 위해서, 또 하나는 소통을 빠르게 하기 위해서다. 그런데 이 목적이 흐려지면 툴은 오히려 장벽이 된다. 구글 드라이브를 쓴다고 해도 파일 이름이 불분명하면 찾기 어렵고, 슬랙을 써도 채널이 정리되어 있지 않으면 공지 하나도 제대로 확인하지 못하게 된다. 그래서 툴을 쓸 땐 '왜 이걸 쓰는지'를 먼저 생각해야 한다. 마케팅팀의 다은 씨는 구글 드라이브를 '개인 저장소'처럼 쓰던 팀에서 '공용 작업공간'으로 바꾼 경험이 있다. 기존에는 각자 폴더를 만들고 알아서 저장했지만, 이제는 모든 프로젝트를 날짜별, 주제별로 정리하고 '누구나 읽고 편집 가능한' 상태로 유지한다. 심지어 '읽기 전용 요약본' 폴더를 따로 만들어, 바쁜 팀장은 그 자료만 확인해도 전체 흐름을 알 수 있게 했다. 툴의 목적을 정확히 잡으면 그 순간부터 실무가 바뀌기 시작한다.

툴은 복잡함을 줄이기 위한 도구다

협업툴은 작업을 단순하게 해주는 게 본질이다. 하지만 처음 접하는 사람들은 오히려 더 어렵다고 느끼는 경우가 많다. 노션은 블록 개념이 낯설고, 슬랙은 채널 구조가 혼란스럽고, 구글 스프레드시트는 익숙하지 않은 함수들로 머리가 아플 수도 있다. 하지만 이 도구들이 가진 공통점은 '쓰는 사람에 따라 얼마든지 단순하게 만들 수 있다'는 점이다. 복잡하게 만드는 것은 결국 사용자라는 뜻이기도 하다. 개발지원팀의 승우 씨는 처음 슬랙을 도입했을 때 채널이 30개가 넘자 도저히 집중이 되지 않았다고 한다. 그래서 가장 먼저 한 일은 '죽은 채널'을 정리하는 일이었다. 팀 회의 끝나고 나면 관련 채널은 하나로 합치고, '기록용' 채널과 '토론용' 채널을 명확히 나누자 혼란이 줄었다. 또한 'DM 대신 채널에 올리기'라는 원칙을 만들자 중복된 질문이 줄고, 공유 속도도 빨라졌다. 결국 복잡함은 툴이 아니라 사용자의 선택에서 생긴다는 걸 보여주는 사례였다.

툴은 팀의 '규칙'이 함께 작동할 때 진짜 힘을 발휘한다

협업툴을 잘 쓰는 팀은 도구 자체보다는 '규칙'에 집중한다. 어떤 문서는 어떤 폴더에 올리고, 이름은 어떻게 붙이고, 업데이트할 때는 어떤 말머리를 쓰는지 같은 작은 약속들이 모여서 툴이 제대로 작동하게 만든다. 그리고 이 규칙은 한 번 정해지면 모든 사람이 따라야 의미가 있다. 아무리 좋은 기능도 쓰는 사람마다 방식이 다르면 툴은 오히려 혼란의 중심이 된다. 기획팀에서 일하는 수빈 씨는 팀의 규칙을 만들 때 '최대한 간단하게'라는 원칙을 세웠다. 노션 페이지에는 프로젝트명과 날짜, 그리고 '작성자 이름'만 넣기로 했고, 슬랙에서는 @멘션 없이 올라온 메시지는 업무로 간주하지 않기로 했다. 이런 규칙 덕분에 누구나 문서를 정리할 수 있고, 누구나 메시지를 주고받을 수 있게 되었다. 복잡한 기능보다 단순한 규칙이 협업툴을 더 유용하게 만든다는 사실을 팀 모두가 체감하게 된 것이다.

툴은 '일하는 방식'을 바꾸는 기회다

협업툴은 도구이지만, 단순한 도구 이상의 의미를 가진다. 기존에는 이메일로만 주고받던 자료를 이제는 함께 보고, 함께 편집하고, 함께 토론할 수 있는 환경으로 바꾸는 일이기 때문이다. 툴을 통해 생기는 기록은 곧 업무의 흐름이고, 일정이고, 커뮤니케이션이 된다. 그래서 협업툴을 잘 쓴다는 것은 단순히 도구에 익숙해진다는 게 아니라, '일하는 방식' 자체를 점검하고 개선한다는 의미를 가진다. 디자인팀의 민지 씨는 매일 30분간 '노션 정리 시간'을 갖는다. 프로젝트 진행 상황을 체크하고, 오늘 완료한 항목은 '완료'로 옮기고, 새로 생긴 아이디어는 별도의 페이지에 저장한다. 처음에는 시간 낭비처럼 느껴졌지만, 이 습관 덕분에 어느 순간부터 팀장에게 일일이 보고하지 않아도 되는 신뢰가 생겼고, 회의 시간도 절반으로 줄었다. 툴을 단순히 '써야 하니까 쓰는 것'이 아니라, '내 업무를 잘 보이게 하는 수단'으로 바라보니 일의 질도 달라졌다.

툴에 얽매이지 말고, 도구를 목적에 맞게 쓰는 감각을 익히자

협업툴은 도와주는 수단일 뿐이다. 툴을 위한 일이 아니라, 일을 더 잘하기 위한 툴이어야 한다. 그래서 툴에 얽매이지 말고, 필요한 기능만 골라쓰는 감각을 익히는 것이 중요하다. 너무 많은 기능에 욕심내기보다는 팀에 필요한 것 하나만 잘 정착시키는 것이 협업툴을 잘 쓰는 첫걸음이다. 그리고 그 툴은 팀마다, 사람마다 달라도 된다. 중요한 건 일의 흐름이 명확해지고, 함께 일하는 시간이 줄어드는 효과가 있느냐는 것이다. 협업툴은 도구가 아니라 문화다. '서로 무엇을 하고 있는지 아는 상태', '필요한 정보가 언제든 꺼내볼 수 있는 환경', '같은 목표를 향해 같은 페이지를 공유하는 감각'이 바로 협업툴이 만들어내야 할 결과다. 툴은 많지만, 진짜 중요한 건 '왜 이 툴을 쓰는가'에 대한 명확한 목적과 그 목적을 지키는 사용자의 태도다. 이 감각이 생기면 어떤 툴을 써도 협업은 더 쉬워지고, 일은 자연스럽게 단순해진다.

04

인수인계와
문서화의 중요성

회사에서 가장 혼란스러운 순간 중 하나는 누군가 갑자기 퇴사하거나 부서를 옮길 때다. 특히 그 사람이 맡고 있던 업무가 정리되지 않은 상태라면, 남아 있는 동료들은 업무를 따라잡기 위해 수많은 추측과 실험을 반복하게 된다. '이건 왜 이렇게 해놨지?', '이건 어떤 기준으로 정리된 거지?'라는 질문들이 꼬리를 물고, 결국 중요한 프로젝트가 멈추거나 방향을 잃기도 한다. 이런 문제는 단지 사람 하나가 그만뒀기 때문이 아니라, 그동안의 일들이 '말'로만 존재하고 '기록'되지 않았기 때문에 생긴다. 그래서 인수인계와 문서화는 단순한 정리 작업이 아니라, 팀 전체의 시간과 성과를 지키는 핵심 도구가 된다.

인수인계는 떠나는 사람이 아니라, 남는 사람을 위한 작업이다

많은 사람들이 인수인계를 '퇴사자가 해야 하는 의무'처럼 생각하지만, 실은 그 문서를 읽게 될 사람을 위한 선물이다. 특히 업무가 복잡하거나 관계자가 많은 일일수록, 말로만 설명해서는 제대로 전달되지 않는다. 표면적으로는 간단해 보이는 업무도, 실제로 들어가 보면 수많은 예외 상황과 의사결정의 히스토리가 숨어 있기 때문이다. 따라서 인수인계 문서는 '무엇을 했다'보다 '왜 그렇게 했는가'를 중심으로 작성되어야 한다. 예를 들어 고객센터를 담당하던 정우 씨가 다른 팀으로 이동할 때, 단순히 '주요 고객 목록', '응대 매뉴얼', '사용 중인 툴'만 전달했다면 새 담당자는 업무를 복제하기는 쉬워도 응용하거나 상황에 맞게 대처하기 어려웠을 것이다. 하지만 정우 씨는 '자주 나오는 민원은 어떤 어조로 응대해야 효과적인가', '1분 이상 대기하면 어떤 고객이 불만을 제기하는가' 같은 세부적인 관찰을 함께 남겼다. 덕분에 새 담당자는 시행착오 없이 바로 실무에 들어갈 수 있었고, 고객 만족도도 유지할 수 있었다.

문서화는 '현재'를 기록하면서 '미래'를 준비하는 일이다

업무 중에는 늘 새로운 정보와 예외 상황이 발생한다. 그때마다 기억에만 의존하거나 구두로만 공유한다면, 시간이 흐를수록 누락과 왜곡이 발생하기 마련이다. 특히 회의 중에 결정된 사항, 프로젝트 중 생긴 변수, 클라이언트와의 세부 협의 내용 등은 나중에 반드시 되짚어야 할 순간이 온다. 이때 문서화된 내용이 있다면 혼선 없이 진행할 수 있지만, 그렇지 않으면 사람마다 기억이 달라진다. 그래서 문서화는 그날의 업무를 정리하면서도 동시에 미래를 위한 기록이 된다. 브랜드팀의 혜민 씨는 프로젝트마다 '결정된 내용만 정리하는 문서'를 만든다. 회의록처럼 장황한 기록이 아니라, 'OO 회의 결과 : A안으로 확정, 배경 : B고객의 피드백 반영, 실행 담당자 : 윤OO, 마감일 : 7월 20일' 같은 식이다. 문서화의 핵심은 모든 내용을 다 적는 것이 아니라, '나중에 다시 꺼내봤을 때 누구나 이해할 수 있는 방식으로' 정리하는 것이다. 혜민 씨의 문서 한 장이면 프로젝트의 흐름이 한눈에 보이고, 새로 합류한 팀원도 빠르게 맥락을 파악할 수 있다. 이처럼 문서화는 단순한 기록이 아니라, 연결과 이해의 매개다.

인수인계는 끝이 아니라, 협업의 연결점이다

누군가 떠날 때만 인수인계를 하는 문화는 바람직하지 않다. 실은 인수인계는 사람이 떠나지 않더라도 매주, 매달 조금씩 이뤄져야 한다. 프로젝트가 중단되지 않도록, 누군가 잠깐 자리를 비워도 일이 돌아가도록, '누가 없어도 돌아가는 팀'을 만드는 것이 진짜 협업이다. 그래서 인수인계는 단발적인 문서가 아니라, 평소의 기록과 설명이 차곡차곡 쌓인 결과물이어야 한다. 상품기획팀의 유리 씨는 매주 금요일마다 '주간 업무 요약'을 정리한다. 그 주에 한 일, 다음 주에 할 일, 그 과정에서 생긴 고민이나 제안들을 짧은 항목으로 남긴다. 이 문서는 팀 내에서는 참고자료가 되고, 새로운 인턴이 들어오면 업무의 흐름을 익히는 데 활용된다. 유리 씨가 몇 달간 정리한 자료는 결국 '자리를 비워도 누구나 이어받을 수 있는' 매뉴얼이 되었고, 팀의 속도와 신뢰를 지켜주는 자산이 되었다.

인수인계와 문서화는 '나 하나'의 업무를 넘어서게 해준다

회사에서는 개인이 아니라 팀이 일한다. 그렇다면 내가 맡은 일도 언젠가는 다른 사람에게로 이어질 수밖에 없다. 그때마다 '파일이 어딨는지 몰라서', '무슨 의도였는지 몰라서' 다시 처음부터 시작하게 되면, 시간도 낭비되고 동료 간의 피로감도 높아진다. 그래서 내가 오늘 작성하는 문서 한 장이 단순한 정리가 아니라, 팀 전체를 위한 기반이 된다. 기록은 언젠가 돌아오고, 문서는 반드시 누군가를 돕는다. 인수인계와 문서화는 협업을 가능하게 만드는 보이지 않는 기술이다. 언뜻 보기엔 시간이 들고 번거롭게 느껴지지만, 실제로는 그 시간을 2배, 3배로 돌려주는 '가장 효율적인 투자'이기도 하다. 오늘 하루의 작은 정리가 내일의 큰 혼란을 막아준다는 것을 경험해 보면,

더 이상 인수인계를 남의 일이 아니라 '내 일의 연장선'으로 바라보게 된다. 기록은 남기면 남길수록 나와 팀을 더 유능하게 만들어준다. 그리고 그런 팀이 결국 가장 빠르게, 가장 멀리 간다.

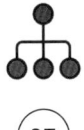

05
비대면에서도 일 잘하는 사람의 협업 루틴

업무 방식이 바뀌었다. 사무실에 모두 모여 일하던 시절은 점점 줄어들고, 오늘날엔 화상 회의, 메신저, 공동 문서 작업 등 비대면 중심의 협업이 당연한 일상이 되었다. 예전에는 옆자리에 앉아 한마디로 해결됐던 일이 이제는 몇 번의 메시지나 문서 공유를 거쳐야 가능하다. 이런 변화 속에서도 유독 두각을 드러내는 사람들이 있다. 그들은 어디서 일하든, 누구와 일하든 흐름을 놓치지 않고, 의사소통도 빠르고 명확하며, 팀 전체의 속도까지 높인다. 이들의 비결은 거창한 기술이 아니라, '협업 루틴'이라는 작은 습관의 반복에서 시작된다.

비대면 환경은 불확실성과의 싸움이다

오전 9시. 팀원 모두가 각자의 집에서 일을 시작한다. 사무실처럼 얼굴을 마주하지 않으니 지금 누가 어떤 일을 하는지, 어려움을 겪고 있는 건지 전혀 감이 오지 않는다. 점심시간이 지나도 공유 문서엔 업데이트가 없고, 메신저에도 말이 없다. '잘 진행되고 있는 걸까?', '혹시 내가 뭔가 빠뜨린 건 아닐까?' 하는 불안이 쌓이고, 결국 오후 늦게야 '이건 오늘 못 끝낼 것 같다'는 메시지가 도착한다. 이처럼 비대면 환경에선 작은 정보 부족이 큰 오해와 혼선을 만들 수 있다. 이럴 때 필요한 건 업무를 잘하는 개인이 아니라, 서로의 상태를 자주 확인하고 공유할 수 있는 일상의 협업 루틴이다. 비대면이라고 해서 소통을 줄이기보다는, 오히려 더 자주 나누고, 더 명확히 표현하는 방식으로 변해야 한다.

업무의 시작은 '나의 상태 공유'에서 출발한다

비대면 협업에서 가장 먼저 해야 할 일은 '내가 지금 무엇을 하고 있는지, 어떤 상태인지'를 가시적으로 보여주는 것이다. 팀 단위로 협업툴을 사용하고 있다면 '업무 시작 알림' 하나만으로도 큰 차이를 만들 수 있다. 예를 들어, 매일 아침 슬랙 채널에 '오늘 오전엔 ○○ 작업 중입니다. 오후엔 △△ 회의 준비 예정입니다'라고 남기면, 다른 팀원들은 굳이 묻지 않아도 서로의 흐름을 이해할 수 있게 된다. 이런 공유는 단순히 '나의 일'을 알리는 것이 아니라, 동료들이 '내 일과 맞물린 자신의 일'을 조율하는 데 중요한 단서가 된다. 디자인팀의 한별 씨는 매일 아침 노션에 '오늘의 업무 리스트'를 간단히 작성해 공유한다. 자신이 하는 일뿐 아니라, 팀에서 필요한 요청사항도 미리 적어두면 그날 회의 없이도 중요한 협의가 가능해진다. 이는 팀 전체가 '실시간으로 서로의 상태를 파악하는 시스템'을 갖게 된다는 뜻이며, 결과적으로 불필요한 체크인과 미팅을 줄이고 효율적인 협업으로 이어진다.

작은 공유가 오해를 막고, 속도를 높인다

비대면 환경에서 중요한 또 하나는 '작은 정보라도 공유하는 습관'이다. 예를 들어 '이건 좀 오래 걸릴 것 같아요' 같은 말도, 팀 전체 일정에선 결정적인 힌트가 될 수 있다. 반대로, 그런 말 한마디가 없으면 진행 상황에 대한 판단이 모두 제각각이 된다. 같은 내용을 공유하더라도, 메신저보다는 문서화된 공간에, 개인 메모보다는 팀의 공유 게시판에 남기는 것이 좋다. 그래야 협업 도구들이 진짜 힘을 발휘하게 된다. 마케팅팀의 지환 씨는 슬랙에 전달사항을 남길 때 꼭 '다시 찾을 수 있는 문서 링크'를 함께 단다. 단순한 말보다 링크 하나가 더 많은 정보를 담고 있고, 이후 팀원이 다시 확인하거나 회의록을 만들 때에도 큰 도움이 된다. 협업툴은 '대화'가 아니라 '문맥'을 남기는 용도로 사용되어야 한다. 그럴수록 누락도 줄고, 흐름을 놓치는 일도 줄어든다.

혼자가 아니라 '팀'으로 일한다는 인식의 차이

비대면에서 가장 중요한 건 '내 일만 잘하면 된다'는 태도를 벗어나는 것이다. 눈앞의 업무를 열심히 하는 것도 중요하지만, 그 과정에서 '동료는 어떤 정보를 기다리고 있을까', '이런 진행 상황을 미리 알려주는 게 좋을까'처럼 팀의 입장에서 생각하는 순간, 협업의 질은 달라진다. 이는 단순한 마음가짐의 변화가 아니라, 일의 구조를 더 잘 보게 되는 전환이다. 예를 들어 프로젝트 일정이 지연될 가능성이 보일 때, 어떤 사람은 '나중에 어떻게든 맞추면 되겠지'라고 넘기지만, 협업에 익숙한 사람은 '지금 공유해 두면 팀이 대비할 수 있다'는 생각으로 움직인다. 둘 다 결과는 같더라도, 팀 전체의 리스크는 후자가 훨씬 줄어든다. 협업은 정보를 쥐고 있는 사람이 아닌, 정보를 흘려보내는 사람이 만드는 것이다.

루틴은 단순해야 오래간다

비대면 협업을 잘하고 싶다면 거창한 시스템을 만들기보다는, 아주 작고 단순한 습관을 만들어 보는 게 좋다. 예를 들어 '오전 9시 : 업무 시작 메시지 작성', '오후 4시 : 오늘 진행 상황 업데이트', '금요일 오전 : 주간 업무 정리 문서 업로드' 같은 루틴은 처음엔 조금 번거롭더라도, 몇 번 반복되면 자연스러워진다. 그리고 그 기록이 쌓이면 그 자체로 팀의 자산이 된다. 플랫폼 운영팀의 민수 씨는 매일 오후 4시에 팀 채널에 '오늘의 업무 메모'를 남긴다. 본인이 느낀 어려움이나, 다음 단계에서 필요한 지원까지 간단히 메모하는 방식이다. 팀장은 이 메모를 읽고 다음날 회의 주제를 정리하고, 신입 사원은 이 내용을 보며 팀의 업무 흐름을 익힌다. 이렇게 하나의 루틴이 협업을 유연하게 하고, 팀의 문화까지 바꾸는 출발점이 된다.

비대면의 거리를 줄이는 건 '정보'다

결국 협업은 거리와 상관없다. 얼굴을 마주하든, 화면으로 연결되든 핵심은 '정보가 잘 흐르느냐'에 달려 있다. 특히 비대면에선 누가 더 빨리, 정확하게 공유하고, 필요한 말을 미리 꺼내느냐가 일의 속도와 결과를 바꾼다. 그래서 협업 루틴은 단순히 나를 위한 정리나 관리가 아니라, 함께 일하는 사람들을 위한 배려이기도 하다. 그리고 그 배려가 쌓이면, 어느 순간 '말하지 않아도 서로의 흐름을 아는 팀'이 된다. 비대면에서 진짜 중요한 건 도구보다 사람이고, 그 사람의 태도와 습관이다. 매일 반복되는 작지만 명확한 루틴은, 혼란을 줄이고 팀을 연결하며, 결국 더 좋은 결과로 돌아온다. 거리가 멀어도 속도는 더 가까워질 수 있다.

일머리를 만드는 루틴

아침 10분이
하루를 결정한다

회사에 도착해 컴퓨터를 켜고 의자에 앉았다고 해서, 곧장 생산적인 하루가 시작되는 건 아니다. 자리에 앉아 있긴 하지만 정신은 아직 멍하고, 어떤 일을 먼저 해야 할지 감도 오지 않는다. 이메일을 몇 개 열어보다가 메신저에 답장을 보내고, 그러다 보면 어느새 오전 시간이 절반쯤 흘러간다. '왜 이렇게 시간만 빨리 가지?' 하고 생각하게 되는 날, 의외로 아침을 준비 없이 시작했을 가능성이 크다. 사실 대부분의 직장인에게 아침은 하루 중 가장 결정적인 시간이다. 아직 마감 압박도 없고, 외부 회의나 전화도 적은 시간. 이 조용한 시기를 어떻게 사용하느냐에 따라 그날 하루가 산만해질지, 차분하게 흘러갈지가 갈린다.

일머리는 아침 루틴에서 시작된다

일을 잘한다는 건 단순히 능력이 아니라, 일의 흐름을 빠르게 파악하고 우선순위를 정하며 계획에 맞게 움직이는 능력이다. 그런데 이 능력은 갑자기 생기지 않는다. 하루하루 쌓이는 루틴에서 기초가 만들어진다. 특히 아침의 10분은 단순히 하루를 정리하는 시간을 넘어서, '머릿속 지도를 그리는 시간'이다. 오늘 어떤 길로 갈지, 어디에 멈출지, 어디를 우선 통과해야 할지를 미리 그려보는 것이다. 디자인팀의 예진 씨는 매일 오전 9시 10분, 회사에서 가장 먼저 하는 일이 '종이 노트 한 페이지 정리'다. 오늘의 할 일, 중요도, 미팅 시간, 전달할 이슈 등을 간단한 기호와 함께 한눈에 보이게 정리한다. 이 과정이 단 10분이면 끝나는데, 이 시간을 통해 오전과 오후를 어떻게 배분할지, 무슨 순서로 일을 처리할지를 정해두기 때문에 업무 중간에 갈팡질팡할 일이 거의 없다.

오늘의 흐름을 미리 가늠하는 '5문 5답'

아침 10분을 효과적으로 쓰는 방법은 의외로 간단하다. 그날의 핵심을 미리 짚는 질문을 만들어 놓고, 출근하자마자 스스로에게 답을 적는 것이다. 예를 들어 다음과 같은 다섯 가지 질문은 대부분의 직장인에게 유용하다.

1. 오늘 꼭 끝내야 할 일은 무엇인가?
2. 오늘 처리하지 못해도 되는 일은 무엇인가?
3. 내가 먼저 연락해야 할 사람은 누구인가?
4. 예상되는 장애물이나 지연 요소는 무엇인가?

5. 오늘 하루가 끝났을 때 '잘 보냈다'고 느끼려면 무엇이 필요할까?

이 다섯 가지에만 답해도 '오늘의 얼개'는 대부분 정리된다. 그날 처리해야 할 일의 강약 조절이 가능하고, 어떤 일에 먼저 시간을 써야 할지 감이 잡히며, 방해받을 가능성이 있는 부분도 미리 인지하게 된다. 이 작은 준비가 하루 전체의 중심을 잡아주는 역할을 한다.

일에 밀리지 않으려면 먼저 구조를 만든다

이메일과 메신저는 언제나 급한 일부터 몰려온다. 그래서 준비 없이 하루를 시작하면, 중요한 일은 뒷전으로 밀리고 급한 일들에 시달리다 끝나는 일이 반복된다. 하지만 아침 10분에 자신만의 구조를 만들어두면, 이런 흐름에 휩쓸리지 않고 주도권을 지킬 수 있다. 일이라는 게 결국 한정된 시간에 여러 작업을 처리하는 것이기 때문에, 순서를 잘 정하는 것만으로도 효율은 눈에 띄게 달라진다. 예를 들어 마케팅팀의 정수 씨는 아침에 '상·중·하' 세 가지 카테고리로 업무를 나눈다. 상 : 오늘 안에 반드시 처리해야 하는 핵심 업무, 중 : 진행 중인 프로젝트의 소단위 작업, 하 : 틈날 때 처리할 수 있는 간단한 일. 이걸 근무 시작 전에 정리해두면, 갑자기 누가 업무를 요청해도 지금 할 수 있는 일인지 아닌지를 명확히 판단할 수 있고, 일을 쪼개서 분배하는 것도 쉬워진다.

아침 루틴은 정신적 안전지대를 만들어준다

한 가지 더 중요한 효과가 있다. 아침 루틴은 단지 업무 정리의 도구가 아니라, 하루의 감정 상태를 안정시켜주는 장치이기도 하다. 정신이 어지럽고 해야 할 일이 머릿속에 흐릿하게만 떠다니는 상태에서는 쉽게 불안해지고, 작은 방해에도 감정적으로 흔들리기 쉽다. 하지만 아침에 자신의 흐름을 정리하고 방향을 잡는 습관이 생기면, 외부 자극에 덜 흔들린다. 일종의 심리적 안전지대가 만들어지는 셈이다. 컨설팅 회사에 다니는 연우 씨는 매일 출근 직후 10분 동안 노이즈 캔슬링 이어폰을 끼고 조용히 책상에 앉아 '오늘의 루틴'을 손으로 적는다. 아무에게도 방해받지 않는 이 10분을 통해 하루를 준비하는 습관이 생긴 이후, 집중력도 좋아졌고, 하루에 한 번 이상 '정신이 맑아졌다'는 느낌이 든다고 말한다. 감정의 시작을 정리로 여는 것이 생각보다 큰 영향을 미친다.

작은 습관이 꾸준함을 만든다

이 루틴은 반드시 노션이나 앱을 써야만 효과가 있는 것도 아니다. 오히려 종이에 간단히 쓰는 방식, 일정표 옆에 붙여두는 방식처럼 자신에게 편한 방식을 선택하는 게 더 오래 간다. 중요한 건 형식이 아니라 반복이다. 그리고 이 반복은 일머리를 만든다. 일을 효율적으로 처리하려면 일단 '흐름'을 읽는 감각이 필요하고, 그 감각은 아침 10분의 반복 속에서 만들어진다. 회사 생활이 길어질수록 '어디서부터 손을 대야 할지 모르겠다'는 고민은 점점 커진다. 일이 복잡해서가 아니라, 하루를 시작할 때 중심을 잡지 못했기 때문이다. 출근 직후의 10분, 단지 하루의 한 조각이 아니라 그날 전체의 구조를 결정짓는 핵심이다. 눈을 뜨자마자 스마트폰 알림에 쫓기기보다는, 잠시 숨을 고르고 펜을 들어 오늘의 지도를 그려보는 시간. 이 단순한 준비만으로도 일머리는 분명 달라지기 시작한다.

02
루틴은
선택이 아니라 생존이다

업무량은 비슷한데도 어떤 날은 유난히 정신이 없고 어떤 날은 상대적으로 여유롭다. 특별히 일이 많았던 것도 아닌데 하루가 끝나면 탈진한 기분이 들고, 뭘 했는지도 잘 기억나지 않는 날이 있다. 대부분은 '오늘따라 집중이 안 됐나 보다' 정도로 넘기지만, 그 이면을 들여다보면 공통적인 원인이 보인다. 일정한 흐름이 없고, 매일 아침 똑같은 선택을 반복하며 에너지를 소모하고 있다는 점이다. 출근하자마자 어떤 일부터 해야 할지 고민하고, 보고서를 어떤 순서로 작성할지 다시 생각하고, 메신저에 답장하는 타이밍도 그때그때 즉흥적으로 결정한다. 이렇게 계속 판단을 반복하는 과정 자체가 의외로 많은 에너지를 소모하며, 무의식적으로 피로를 축적시킨다. 루틴은 바로 이 반복되는 결정의 부담을 줄여주는 역할을 한다. 그리고 그것은 단순한 습관을 넘어 '업무 생존 기술'로 작용한다.

결정 피로를 줄이는 '루틴의 힘'

매일 반복되는 결정은 생각보다 우리를 소진시킨다. 아침에 어떤 옷을 입을지, 이메일부터 볼지 자료부터 열어볼지, 회의 전에 어떤 순서로 준비할지를 매번 새롭게 선택하는 일은 겉보기엔 사소하지만 뇌의 에너지를 꾸준히 깎아먹는다. 반복적인 일일수록 루틴으로 자동화하면 좋다는 말은 여기서 나온다. 루틴은 마치 '자동길잡이'처럼 일을 덜어주는 역할을 한다. 인사팀에서 일하는 지연 씨는 오전 9시부터 9시 30분까지는 이메일 확인, 9시 30분부터 10시는 전날 마감한 업무의 오류 체크, 10시부터 10시 45분까지는 오늘의 우선순위 업무를 정리하는 시간으로 고정해두었다. 처음엔 일부러 시계를 보며 루틴을 지키려 노력했지만, 지금은 따로 신경 쓰지 않아도 자연스럽게 몸이 움직인다. 하루의 시작을 이처럼 정해두면, '오늘 뭘 먼저 하지?'라는 고민 없이 바로 업무에 진입할 수 있다.

직장인은 창의력보다 반복력으로 버틴다

많은 사람이 루틴이라는 말을 들으면 '자율성과 창의력을 억제한다'고 생각한다. 하지만 실제 업무에서 중요한 건 새로운 아이디어보다 일상적인 작업을 정확하게 반복하는 힘이다. 기획자든 디자이너든 개발자든, 창의적인 직군일수록 루틴이 필요하다. 일정한 루틴이 기본을 잡아줘야 창의력도 발휘된다. 무질서한 흐름 속에선 머릿속도 정리되지 않고 좋은 생각도 나오기 어렵기 때문이다. 브랜드 디자이너로 일하는 민수 씨는 출근 후 1시간 동안은 절대 회의나 메시지 응대를 하지 않고, 커피 한 잔과 함께 작업 공간을 정리하고 어제 작업한 시안을 다시 살펴보는 시간을 가진다. 이 고정된 루틴 덕분에 매일 다르게 흘러가는 디자인 업무 속에서도 자신의 흐름을 지킬 수 있었다. 정해진 루틴은 오히려 창의적인 작업의 발판이 된다.

지치지 않으려면 '결정할 필요 없는 것'을 늘려야 한다

하루 종일 회의와 보고서, 메시지 응답으로 바쁜 직장인일수록 자신이 통제할 수 있는 흐름을 확보해 두는 것이 중요하다. 그래야 외부 변수에 휘둘리지 않고 일의 중심을 지킬 수 있다. 루틴을 만든다는 건 단지 '매일 같은 걸 반복하자'는 의미가 아니라, 반복을 통해 중요한 일에 더 많은 에너지를 쓰기 위해 덜 중요한 결정들을 자동화하겠다는 선택이다. 운영팀의 혜진 씨는 매일 오후 2시부터 3시는 '비상대응 예외 시간'으로 정해두고, 그 시간 외에는 업무 요청이 들어와도 바로 응답하지 않고 루틴을 먼저 지킨다. '누가 뭐라고 하기 전에 정해둔 일을 먼저 끝낸다'는 원칙 하나만으로도 하루의 질서가 확연히 달라졌다고 한다. 전에는 모든 일에 즉각 반응하려다 정작 중요한 업무를 제시간에 못 끝내는 일이 많았지만, 루틴을 설정한 이후로는 자신이 컨트롤할 수 있는 시간이 분명히 늘었다.

루틴은 복잡한 업무를 단순하게 만든다

일이라는 건 결국 정해진 흐름 없이 시작하면 점점 복잡해지고, 스스로도 그 복잡함에 압도되기 쉽다. 하지만 루틴이 있으면 같은 업무라도 처리 속도와 정확도가 달라진다. 단순히 익숙해서가 아니라, 어떤 단계에서 무엇을 점검하고 어떻게 넘길지 이미 몸이 기억하고 있기 때문이다. 프로젝트 매니저인 현우 씨는 매주 월요일 아침에는 팀원들과 짧은 루틴 회의를 한다. 각자의 이번 주 업무를 구두로 정리하고, 지난주 막혔던 부분을 공유한다. 이 회의는 15분이면 끝나지만, 이 짧은 루틴이 있는 것만으로도 팀 전체가 혼란 없이 주중을 준비할 수 있게 됐다. 루틴은 개인뿐 아니라 팀에도 적용될 수 있는 강력한 도구다.

'잘할 수 있는 환경'을 스스로 만든다는 감각

누군가는 이렇게 말할 수 있다. '매일 똑같은 일을 반복하는 건 너무 지루하지 않나요?' 하지만 이 질문에 대해 루틴을 오랫동안 유지하고 있는 사람들은 하나같이 이렇게 답한다. '오히려 루틴 덕분에 덜 지치고, 생각할 시간이 생긴다'고. 루틴은 반복의 도구이자 회복의 도구다. 그날그날 즉흥적으로 움직이는 방식은 처음엔 자유로워 보여도, 시간이 지나면 피로와 혼란을 가져온다. 반면 루틴은 매일의 기본값을 정해두는 것으로, 자신이 '일 잘할 수 있는 환경'을 스스로 만들어주는 방식이다. 회사 시스템은 우리의 컨디션이나 감정에 맞춰 움직이지 않기 때문에, 루틴은 무너지지 않기 위한 생존 전략이자, 흔들리지 않고 중심을 지키는 기술이다. 잘 짜인 루틴 하나가 바쁜 하루를 덜어주고, 나의 업무 흐름을 지켜주며, 매일이 조금 더 나아지도록 만들어준다. 작은 루틴이 결국 큰 업무력을 만든다.

03
'단축키' 같은 나만의 업무 공식 만들기

같은 일을 하더라도 어떤 사람은 유독 빠르고 정확하다. 그 사람이 뭔가 특별한 능력을 가졌을 거라고 생각하지만, 자세히 들여다보면 단 하나의 차이가 보인다. 바로 '공식'을 가지고 있다는 점이다. 자주 반복되는 상황에서 늘 처음처럼 고민하고 새로 시작하면 매번 시간이 오래 걸리고 실수할 가능성도 높아진다. 하지만 일정한 구조나 방식, 즉 '나만의 업무 공식'을 만들어 두면 생각보다 훨씬 빠르고 정확하게 일할 수 있다. 이 공식은 마치 키보드의 단축키처럼 내가 일하는 과정을 간결하고 매끄럽게 만들어주는 도구다. 그리고 이 공식은 아무도 알려주지 않기 때문에 스스로 만들어야 한다.

반복되는 업무에 '형식'을 입히면 생기는 변화

상품 운영팀에서 일하는 수현 씨는 매주 화요일 오전마다 입점 브랜드 데이터를 정리해 담당자에게 공유하는 업무를 맡고 있다. 처음엔 어떤 순서로 정리해야 할지 몰라 여러 번 수정을 거쳤고, 담당자가 다시 요청해오는 경우도 많았다. 그러다 어느 순간부터는 '고객문의 건수 – 재고상태 – 지난주 판매량 – 매출 순'으로 데이터를 정리하면 담당자들의 피드백이 줄어드는 걸 알게 되었다. 이후 이 구조를 표준화해서 매주 같은 형식으로 보고서를 작성하자 작업 시간도 줄고, 요청받는 일도 줄었다. 이처럼 반복되는 업무일수록 '처리 순서'와 '표현 방식'을 고정해두는 것이 중요하다. 처음엔 메모로 시작해도 좋다. 어떤 단계에서 무엇을 먼저 확인해야 하고, 어떤 순서로 정리하면 좋을지 간단히 적어두기만 해도 다음에 같은 상황이 생겼을 때 훨씬 빠르게 대응할 수 있다. 이 메모가 쌓이면 어느새 '나만의 공식'이 된다.

공식은 '결정하지 않아도 되는 일'을 줄여준다

업무를 할 때 가장 피로한 지점은 단순한 반복보다 '계속해서 선택해야 하는 상황'이다. 어떤 표현을 써야 할지, 자료는 어떻게 정리해야 할지, 메일 제목은 어떻게 붙일지 등 일상 속 자잘한 결정들이 업무 속도를 느리게 만들고 에너지를 낭비하게 한다. 그런데 만약 '메일 제목은 무조건 [보고서명] + 날짜 + (긴급/참고)'라는 식의 공식이 있다면 매번 고민할 필요가 없다. 바로 적고, 바로 보낼 수 있다. 예를 들어 홍보팀의 재호 씨는 기사 요청 메일을 쓸 때 '상황 요약 – 요청 목적 – 마감 기한 – 자료 첨부' 순서로 구성된 기본 틀을 정해두었다. 이 틀은 매번 상황에 따라 약간씩 수정되지만, 전체 구조는 그대로 유지된다. 이 덕분에 글을 쓰는 속도가 빨라졌고, 받는 사람도 내용 이해가 쉬워졌다. 이런 사소한 단축키들이 모여 업무 흐름 전반을 바꾼다.

공식은 '내가 일하는 방식'을 정리하는 일이다

모든 사람에게 똑같은 공식은 없다. 같은 팀에 있더라도 사람마다 집중이 잘 되는 시간대, 보고서 작성 방식, 아이디어 정리 습관이 다르다. 중요한 건 누가 만든 공식을 따라 하는 것이 아니라, 자신이 가장 효율적으로 일할 수 있는 루틴과 구조를 스스로 발견하는 일이다. 처음에는 혼란스럽더라도 한 번 '내가 자주 하는 일'을 목록으로 정리해보자. 그다음엔 각각의 일을 어떤 순서로, 어떤 자료를 활용해 처리하고 있는지를 적어보는 것이다. 그 자체가 업무의 틀이 되고, 시간이 흐르면 점점 더 정교해진다. 고객 응대 업무를 맡고 있는 소연 씨는 자주 들어오는 민원 유형을 엑셀로 정리하고, 유형별 대응 문장을 만들어두었다. 초반엔 이 정리를 '시간 낭비'로 여겼지만, 지금은 하루 2시간 이상을 줄여주는 핵심 도구가 되었다. 공식은 거창한 게 아니다. '반복되는 상황을 더 빠르고 정확하게 해결할 수 있도록 만든 구조'일 뿐이다.

공식이 쌓이면 일머리가 된다

업무 공식은 단순히 시간을 줄여주는 것이 아니라, 일의 질도 높여준다. 같은 실수를 반복하지 않게 하고, 이전에 했던 방식들을 비교하며 더 나은 선택을 할 수 있게 만든다. 무엇보다 공식이 생기면 자신감이 생긴다. 막막하고 두려웠던 일이 이제는 '어디서부터 시작할지'가 명확해지고, 흐름이 눈에 들어오면서 일의 전개도 쉬워진다. 이게 바로 '일머리'라는 말의 실체다. 단순히 경험만 쌓는다고 일머리가 생기는 것이 아니라, 경험을 통해 축적된 공식을 정리하고 다듬는 과정이 있어야 한다. 성과관리 시스템을 담당하는 창호 씨는 매 분기마다 해야 할 보고서의 체크리스트를 엑셀로 만들어 두었고, 파일명 규칙까지 통일했다. 처음엔 자신만 보기 위한 정리였지만, 지금은 팀원들이 함께 참고하는 기준이 되었다. 하나의 공식이 개인을 넘어서 팀의 기준이 될 수도 있는 셈이다. 이런 축적이 쌓이면 단축키처럼 손이 먼저 움직이고, 머리는 더 중요한 판단에 집중할 수 있게 된다.

공식은 메모 한 줄에서 시작된다

지금 당장 무엇을 공식으로 만들어야 할지 막막하다면, 오늘 내가 했던 일 중 하나를 선택해서 그 과정을 적어보자. 어떤 메일을 쓰기까지 어떤 파일을 열었는지, 어떤 기준으로 자료를 분류했는지, 중간에 생긴 문제는 어떻게 해결했는지를 메모하는 것만으로도 훌륭한 시작이다. 반복되면 구조가 되고, 구조가 되면 공식이 된다. 내가 만든 공식은 나에게 맞춰진 단축키다. 남이 보기에 복잡해 보여도 내가 이해하고, 내가 바로 꺼내 쓸 수 있다면 충분하다. 이 공식이 하나 둘 늘어갈수록 나는 점점 더 빠르고 정확하게 일하게 된다. 결국, 단축키를 많이 외운 사람보다 단축키를 '직접 만든 사람'이 일을 더 잘하게 되는 이유가 여기에 있다.

04
실패 없는
일정 관리 비법

아무리 성실하게 일해도 일정이 뒤엉키는 날이 있다. 회의는 겹쳐 있고, 마감은 다가오고, 중간중간 예고 없는 호출까지 들어오면 하루가 통째로 무너지기도 한다. 그런데 유독 어떤 사람은 일이 많아도 조용히, 차분하게 일정을 소화해 나간다. 마법 같은 능력이 있어 보이지만, 사실 그건 일정 관리라는 기술이 몸에 배어 있는 사람일 뿐이다. 일정 관리는 타고나는 재능이 아니라 반복 속에서 익혀지는 루틴이다. 실패 없는 일정 관리란 무리 없이, 예측 가능하게 하루를 조율할 수 있는 능력에서 시작되며, 그 핵심은 단순하지만 실천하기 쉬운 원칙을 갖고 있는 데 있다.

일정을 한곳에 모으는 것부터 시작하자

일정을 실패 없이 관리하려면 가장 먼저 해야 할 일은 모든 약속과 일정을 한 공간에 모으는 일이다. 종이에 쓰고, 메신저로 받고, 캘린더에도 넣고, 머릿속으로 외우고 있는 상태에서는 중복이나 누락이 일어날 수밖에 없다. 일정이 흩어져 있다는 건 내가 그 상황을 통제하지 못하고 있다는 뜻이다. 일정은 무조건 하나의 기준표에만 기록하자. 디지털 캘린더나 노션, 혹은 종이 플래너든 상관없다. 중요한 건 나의 일정이 어디에 있는지 '단 하나의 장소'로 고정하는 것이다. 홍보팀에서 일하는 윤지는 과거에 일정을 종이와 휴대폰 캘린더에 나눠서 기록하다가 중요한 회의에 빠진 적이 있었다. 이후 구글 캘린더만을 메인으로 쓰고, 모든 업무를 그 안에 시간 단위로 기록하며 실수를 줄였다. 단순하지만 일정 관리의 첫 걸음은 '기록의 통일성'이다.

일정을 '시간 단위'로 쪼개야 진짜 관리가 된다

대부분의 사람들이 일정 관리를 실패하는 이유는 할 일 목록만 있고 그 일이 실제로 언제 가능한지 고려하지 않기 때문이다. 예를 들어 'A 보고서 작성'이라는 큰 일만 적어두고 하루 종일 바쁘게 움직이다 보면, 보고서는 결국 야근 시간에 밀려 있게 된다. 일정을 잘 관리하는 사람은 '오전 10시부터 11시까지 A 보고서 1차 작성', '오후 3시부터 3시 30분까지 A 보고서 수정'처럼 '시간을 가진 일정'으로 쪼갠다. 이건 마치 일정을 캘린더에 퍼즐처럼 배치하는 방식으로, 하루의 구조를 눈으로 확인할 수 있게 만들어준다. 마케팅 부서의 도현은 아침마다 10분 동안 그날 해야 할 일을 시간 단위로 정리한다. 단순한 리스트가 아니라, 캘린더에 시간 단위로 정리해 넣는 방식이다. 덕분에 무리한 계획은 미리 조정하고, 실제로 가능한 분량만을 가져가며 불필요한 스트레스를 줄였다.

'고정 루틴'이 있어야 일정의 틀도 생긴다

매일 바뀌는 업무 속에서 일정까지 매번 새로 정하는 건 생각보다 피로한 일이다. 그래서 성공적인 일정 관리를 하는 사람일수록 일정에 '루틴'을 만든다. 매일 9시에 이메일 확인, 11시에 회의 준비, 15시에 자료 정리처럼 반복되는 일정을 일정표에 고정해두면 나머지 변동 업무들은 그 사이에 배치하기만 하면 된다. 이 고정 루틴은 일의 흐름을 만들어주고, 일정을 미리 조율할 수 있는 기준이 된다. 출판 기획팀의 소미는 매주 월요일 오전엔 늘 책 회의 준비만 하는 시간으로 잡아두었다. 덕분에 다른 급한 요청이 들어와도 '이 시간은 이미 다른 업무로 예약되어 있다'고 설명할 수 있었고, 본인의 핵심 업무 흐름을 방해받지 않고 유지할 수 있었다. 일정의 탄탄함은 이런 고정 루틴에서 시작된다.

'버퍼 시간'을 확보해야 예기치 못한 상황도 감당할 수 있다

일정이 무너지기 시작하는 가장 큰 이유는 여유 시간이 전혀 없기 때문이다. 우리는 이상적으로 계획하고, 모든 일이 순조롭게 돌아갈 것이라 기대하지만, 현실은 그렇지 않다. 갑작스러운 회의 소집, 자료 오류, 상사의 수정 요청은 언제든 발생한다. 그래서 하루 중 반드시 '비워둔 시간'을 만들어야 한다. 이 시간을 '버퍼'라고 부르며, 마치 지하철 시간표에서의 여유 시간처럼 일정이 밀릴 경우를 대비한 완충 장치 역할을 한다. 전략기획팀의 지호는 점심 직후 30분을 항상 비워놓는다. 이 시간은 특별한 일이 없으면 자료 정리에 쓰고, 예기치 않은 미팅이나 요청이 생기면 유연하게 대응하는 데 쓴다. 덕분에 전체 일정이 한 번 흐트러져도 오후 일정이 무너지지 않고 돌아간다.

일정은 '공유'를 통해 더 단단해진다

업무는 혼자 하는 일이 아니다. 내가 짜놓은 일정이 다른 사람과 충돌하면 일정대로 일이 진행되지 않게 된다. 그래서 일정 관리를 잘하려면 내 일정만 보는 것이 아니라 팀 전체 일정과 연결되어야 한다. 이를 위해서는 일정 공유 기능을 적극 활용해야 한다. 특히 구글 캘린더나 팀 협업툴을 쓰는 경우라면, 각자의 일정을 공유하고 회의나 마감 일정을 조율하는 것만으로도 일정 충돌을 줄일 수 있다. 영업팀의 다영은 외근이 많은 동료들과의 소통을 위해 팀 캘린더를 운영하고 있다. 누구나 접근할 수 있도록 만들고, 각자의 중요한 일정은 색으로 표시하여 시각적으로 구분했다. 그 결과 회의 일정을 잡을 때마다 쓸데없는 확인 과정을 줄이고, 협업 효율도 높아졌다.

일정을 계획하는 것이 아니라 '운영'하는 사람이 되어야 한다

일정을 잘 관리하는 사람은 단순히 일정을 예쁘게 정리하는 사람이 아니다. 중요한 건 계획이 아니라, 실제 하루를 '운영'할 수 있는 능력이다. 오늘 할 수 있는 일만큼만 배치하고, 예측 가능한 변수에 대비하고, 다른 사람과의 일정을 맞추고, 매일 반복되는 업무는 루틴으로 고정시켜두는 것. 이 네 가지가 일정 관리의 진짜 핵심이다. 일정이란 결국 '시간의 그릇'이다. 어떤 사람은 이 그릇을 하루 세 번 깨뜨리고, 어떤 사람은 하루를 꽉 채운다. 후자는 완벽한 계획을 짠 사람이 아니라, 조금씩 조정하고 관리하며 시간과 함께 움직이는 사람이다. 실패 없는 일정 관리 비법은 화려하지 않다. 단지, 내 시간을 한 번 더 돌아보고, 그 흐름을 내 손으로 조절하는 감각을 기르는 데서 출발한다.

일 잘하는 사람은 퇴근 전에 무엇을 할까?

퇴근 직전은 누구에게나 지치는 시간이다. 집중력은 떨어지고, 다들 귀가 준비를 하며 슬슬 자리를 뜬다. 그런데 어떤 사람은 이 시간에 노트북을 덮으며 오늘 일을 깔끔히 마무리하고, 다음 날 업무를 여유롭게 준비하는 반면, 어떤 사람은 퇴근을 하면서도 머릿속이 복잡하다. '내일 무슨 회의가 있었지?', '이메일 답장은 했던가?' 하는 찝찝함이 집까지 따라온다. 이런 차이는 사소해 보이지만 업무 효율에 큰 영향을 미친다. 일 잘하는 사람은 퇴근 전에 단순히 일을 끝내는 것이 아니라, 하루를 정리하고 내일을 준비하는 시간을 확보한다. 이 루틴은 다음 날의 업무 밀도를 결정짓고, 불필요한 긴장과 실수를 줄여준다.

오늘의 업무를 짧게 되돌아보는 시간

퇴근 직전에 가장 먼저 해야 할 일은 '오늘 무엇을 했는가'를 정리해보는 것이다. 이때 긴 보고서를 쓰는 게 아니라, 단 3줄 정도면 충분하다. '오늘 처리한 업무', '아직 끝나지 않은 일', '내일로 넘길 항목' 정도만 명확히 적어두면 된다. 이 짧은 정리는 내일 아침 업무를 시작할 때 굉장히 유용하다. 따로 다시 떠올리지 않아도 바로 이어서 업무를 재개할 수 있기 때문이다. 고객 지원팀의 수연은 퇴근 10분 전, 업무관리 노션 페이지에 그날 처리한 문의 건수를 간단히 기록하고, 아직 답변하지 못한 항목은 다음 날 할 일로 분류한다. 처음에는 번거롭다고 느꼈지만, 몇 주만에 아침 스트레스가 현저히 줄었다고 한다. 일은 기억이 아니라 기록으로 이어져야 한다는 걸 몸으로 깨달은 순간이었다.

받은 이메일과 메신저 정리하기

하루 동안 쌓인 이메일과 메신저 메시지는 생각보다 많은 업무 잔여물을 만든다. 읽지 않고 방치된 메시지 하나가 누락된 업무로 이어지거나, 실수가 발생하는 원인이 되기도 한다. 그래서 퇴근 전에 받은 메시지를 빠르게 스캔하며 '답장을 지금 해야 하는지, 내일로 미뤄도 되는지'를 판단하고, 가능한 한 간단한 건 바로 답장한다. 응답하지 못한 메시지는 '내일 아침 확인할 것' 목록으로 따로 분류해 둔다. 이 정리 하나만으로도 다음 날 아침이 한결 가볍다. 영업 지원을 맡고 있는 민규는 퇴근 15분 전부터 받은 메일함과 슬랙 메시지를 훑는다. 대답이 필요한 항목은 3줄 이내로 답변을 완료하고, 논의가 필요한 건 회의 안건으로 넘긴다. 그 결과 하루에 미처 처리하지 못한 일을 다음 날로 깔끔히 연결하고, 누락 없이 팀원과 소통할 수 있었다.

다음 날 일정 미리 확인하고 수정하기

많은 사람들이 다음 날 일정을 아침에야 확인한다. 그러나 일이 몰린 날은 정신없이 회의에 휘말리고, 우선순위가 엉키며 하루가 엉망이 되기 쉽다. 이를 막으려면 퇴근 전에 다음 날 일정을 미리 확인하고, 캘린더를 보며 흐름을 점검해야 한다. 급한 일정이나 회의가 앞에 몰려 있다면 순서를 조정하거나, 버퍼 시간을 확보하는 것도 이 시점에 해야 할 일이다. 기획팀의 은정은 하루를 마치기 전, 구글 캘린더를 열어 다음 날 일정을 확인한다. 너무 빽빽하면 미리 조정하거나, 회의 안건을 사전에 정리해 공유한다. 이를 통해 다음 날 아침 일찍 출근하지 않아도 불안하지 않고, 머릿속에도 여유가 생긴다고 말한다. 좋은 하루는 전날의 준비에서 시작된다는 사실을 실감한 것이다.

책상과 파일 정리는 집중력까지 바꾼다

눈앞의 공간이 어질러져 있으면 다음 날 일의 집중력도 흐트러진다. 종이서류가 쌓여 있거나, 컴퓨터 바탕화면에 파일이 어지럽게 널려 있으면 무의식적으로 업무에 부담을 느끼게 된다. 퇴근 전에 잠깐이라도 책상 정리와 컴퓨터 파일 폴더 정리를 해두는 습관은 단순한 청소 이상의 의미를 가진다. 정돈된 공간은 집중력을 높이고, 필요한 파일을 빠르게 찾게 만들어 시간 낭비도 줄여준다. 디자인팀의 민서는 퇴근 전 5분 동안 책상을 정리한다. 사용한 도구를 제자리에 놓고, 임시 저장했던 파일을 폴더로 정리한다. 이 습관 덕분에 아침마다 무엇부터 시작할지 고민하지 않고 바로 업무에 몰입할 수 있다. 정리는 단순한 행동이 아니라 다음 날을 여는 열쇠였다.

업무를 '마무리'하고 떠나는 루틴 만들기

퇴근 전에 하는 이 모든 행위들을 하나의 루틴으로 만들면, 하루가 완전히 닫히는 느낌을 준다. 이 루틴은 단지 습관이 아니라 하루 업무를 '내 손으로 정리했다'는 자율성과 통제감을 키운다. 정리되지 않은 하루는 머릿속까지 어수선하게 만들고, 이런 상태가 누적되면 피로와 스트레스가 된다. 반대로 퇴근 전에 스스로 '하루를 끝맺는 시간'을 정해두면 감정적으로도 일과 삶의 경계를 분명히 구분할 수 있게 된다. 전략실에서 일하는 재윤은 17시 50분이면 컴퓨터 앞에 앉아 10분간 하루 마무리 루틴을 시작한다. 메일 확인, 일정 조정, 파일 정리, 간단한 기록을 마치면 노트북을 닫고 퇴근한다. 덕분에 퇴근 후에는 온전히 자기 시간에 몰입할 수 있게 되었고, 매일의 피로감도 줄었다고 한다.

퇴근 전 10분, 다음 날이 바뀐다

퇴근 전 10분은 일을 더 하라는 시간이 아니다. 오히려 일에서 '벗어나는 준비'를 하는 시간이다. 이 시간을 통해 오늘의 일과 내일의 일을 연결하고, 기억에 의존하지 않아도 되는 구조를 만드는 것이다.

이 10분은 짧지만, 다음 날의 밀도를 결정짓고, 출근 후 몰입까지의 시간을 단축시킨다. 일을 잘한다는 건 결국 자기 업무의 흐름을 스스로 통제할 수 있다는 뜻이다. 바쁜 하루 속에서도 끝을 스스로 정리하고 다음 날을 설계하는 사람은, 마치 하루의 '디렉터'처럼 일과 시간을 지휘하는 위치에 선다. 그 시작은 거창한 시스템이 아니라, 퇴근 전 10분 동안 조용히 자기 일을 마무리하는 루틴에서 시작된다.

일 잘하는 사람들의 비밀 노트 07
처음부터 배우는 업무 활용법

초판 1쇄 발행 2025년 8월 30일

지은이 이성복
펴낸이 백광석
펴낸곳 다온길

출판등록 2018년 10월 23일 제2018-000064호
전자우편 baik73@gmail.com

ISBN 979-11-6508-651-0 (13320)

이 책은 저작권법에 따라 보호받는 저작물이므로 무단 전재와 무단 복제를 금지하며, 이 책 내용의 전부 또는 일부를 이용하려면 반드시 저작권자와 다온길의 서면동의를 받아야 합니다.

잘못 만들어진 책은 구입하신 서점에서 교환해 드립니다.
책값은 뒤표지에 있습니다.